Das Unternehmen Gott

Teil II
Kampfstiefel des lieben Gottes vs. Mokassins der Mayagötter
Keine Wiederkehr 2012

Judas Aries (Pseudonym für Hubert Berghaus) wurde am 15. April 1960 im Münsterland, Norddeutschland, geboren. Der gelernte Diplom-Verwaltungswirt war seit Mitte der neunziger Jahre über einen Zeitraum von sechzehn Jahren zuletzt als Kriminalhauptkommissar im Bereich Polizeilicher Staatsschutz tätig. Hierbei befasste er sich hauptsächlich mit politisch motivierten Straftaten, Extremismus und Terrorismus. Die polizeiliche Kommissionsarbeit und sein unerschütterlicher Glaube an eine wahre Schöpfungskraft brachten ihn auf die Idee zu einer literarischen Abhandlung über Gott und dessen Missbrauch. Hinter der Entstehung seiner Werke stehen Optimismus, Idealismus, aber vor allem auch das Bedürfnis eines globalen polizeilichen Staatsschutzes für die Freiheitsrechte der Bevölkerung.
Judas Aries lebt im Kreis Steinfurt in Nordrhein-Westfalen.

ja@judas-aries.de

Judas
Aries

Das Unternehmen Gott
Teil II

Kampfstiefel des *lieben* Gottes vs. Mokassins der Mayagötter

Keine Wiederkehr 2012

Bibliografische Information der Deutschen Nationalbibliothek
Die Deutsche Nationalbibliothek verzeichnet diese Publikation
in der Deutschen Nationalbibliografie; detaillierte bibliografische
Daten sind im Internet über http://dnb.d-nb.de abrufbar.

Umschlagdesign, Satz, Herstellung und Verlag:
Books on Demand GmbH, Norderstedt
Umschlagsillustration Artwork „The Iron Heel" von Rael Wissdorf 2011

ISBN 978-3-8448-7284-2

Inhaltsverzeichnis

Zankapfel Erde!

Lieber Leser, Sie halten *DAS UNTERNEHMEN GOTT – Teil II* in Ihren Händen. Mit meinem ersten Buch, *DAS UNTERNEHMEN GOTT – DIE KRIMINALITÄT (DES)DER (ALL)MÄCHTIGEN* [1], beleuchte ich den roten Faden der subtilen Indoktrination Gottes zunächst von Abraham bis zur Neuzeit. Im Ergebnis erhält der nebulöse „liebe Gott" das reale Profil einer außerirdischen Macht. Wir erkennen eine aus unserer Sicht langatmig angelegte Politik sowie eine durchschaubare Ideologie. Sogar strukturelle Einblicke sind im Ansatz möglich.

In der Welt des Filmes oder der Literatur ist es nicht unüblich, dass man erst im Nachgang eines Werkes die Vorgeschichte der Protagonisten präsentiert; also eine Art unechte Fortsetzung unter dem Tenor „Was zuvor geschah". Mit meiner zweiten Abhandlung zum Unternehmen Gott verhält es sich ähnlich. Auf dem Weg von der Genesis bis Abraham stolpern wir über zwei Meilensteine: die Sintflut und der Turmbau. Insbesondere der Turmbau könnte ein Schlüsselereignis sein, das den spurenlosen „lieben Gott" mit den spurenträchtigen Göttern alter Völker sowohl auseinanderdividiert wie auch kurzfristig zusammenkommen lässt.

Die Überschrift dieser Einleitung lautet *„Zankapfel Erde!"*. Der Begriff Zankapfel stammt aus der griechischen Mythologie. Salopp gesprochen gab es einen Streit unter Göttern um einen speziellen Apfel und um dessen Bedeutung. Der Zwist mündete in einen Krieg. Sinnbildlich könnte etwas Vergleichbares von der Genesis bis Abraham geschehen sein: ein kriegerischer Streit der Götter im neidvollen Gezerre um unseren Planeten. Erst ab Abraham waren die Fronten geklärt und das „Unternehmen Gott" agierte ungestört. Diesen zweigeteilten Götterblick hatte ich aber nicht von Beginn an.

Einerseits war es ein rein pragmatischer Grund, der mich mit Abraham beginnen ließ. Die drei abrahamitischen Religionen werden von der gemeinsamen Überzeugung getragen, Gott habe jeder von ihnen allein die Wahrheit über sich, den Menschen und die Welt offenbart. Alle drei Glaubensrichtungen berufen sich auf Abraham als Urahn. Mit der Summe vieler Indizien führte ich in meinem ersten Buch den Beweis, dass wir uns mit unserem monotheistischen Glauben auf dem Geistesniveau eines Naturvolkes bewegen, wenn wir die dingliche Greifbarkeit des hochtechnologisch inszenierten „Budenzaubers" nicht erkennen.

Andererseits führte auch das Fingerspitzengefühl des Autors zu der Entscheidung, die Gotteshandlungen vor Abraham vorerst auszublenden. Hätte ich alles in einen Topf geworfen, so wäre der abrahamitische rote Faden verwässert worden. Ohnehin wäre die starre und quälende Abarbeitung eines jeden biblischen Buches kontraproduktiv gewesen. Es bestünde die Gefahr, den Leser unnötig zu überfrachten.

Ich möchte aber nicht verhehlen, dass das Fingerspitzengefühl des Autors gepaart war mit dem Bauchgefühl des Kriminalisten. Irgendetwas störte mich in der rückwärtigen Betrachtung. Es taten sich Fragezeichen bei der Vermengung von Theorie und Praxis auf.

Mit der Theorie meine ich die schriftliche Spurenlage in den biblischen und apokryphen Schriften.

Mit der Praxis spreche ich die über Jahrzehnte festgestellten Fakten in Form handfester Brocken an; vorrangig erhoben, dokumentiert, analysiert und katalogisiert vom Altmeister Erich von Däniken (EvD). Für mich lagen dessen Spuren in Stein wie derselbige im Magen. Die vielfältigen dinglichen Götterspuren lassen auf ein Wesen schließen, welches sich mit der Art des biblischen Gottes nicht vereinbaren lässt.

Lassen Sie sich nicht verwirren. Selbstverständlich haben Erich von Däniken und andere häufig genug Recht mit ihren Erhebungen. Für das Wirken Außerirdischer hat allein EvD mit enorm aufwändiger Arbeit Indizien erhoben, die in der Summe als ein Beweis gelten dürfen.

Wäre die Erde mein Garten und würde ich die von EvD erhobene Spurenlage einem Staatsanwalt als dringenden Tatverdacht für einen Hausfriedensbruch vorlegen, er käme um eine Anklage nicht umhin.

Bereits aus den Seiten des Alten Testaments quillt die einschlägige Indizienlage nur so hervor. So ist es zunächst naheliegend, dass Erich von Däniken und viele andere die schriftliche Spurenlage des alttestamentlichen Gottes mit den weltweit erhobenen faktischen Götterspuren in Einklang bringen.

Da wundert es auch nicht, dass im Jahr 2010 sogar ein katholischer Priester in Italien dienstentpflichtet wurde, weil er wiederholt Bibelinhalte „ufologisch" beziehungsweise präastronautisch interpretiert hatte.[2] Sie lesen richtig. Für den Priester war es unerträglich, nicht das auszusprechen, was dem Menschen des 21. Jahrhunderts förmlich aufgedrängt wird: Er deutete biblische Schilderungen als Beleg für frühe außerirdische Besuche! Dabei ging der Priester nur einen Schritt weiter als eine maßgebliche Institution des Vatikans selbst. Denn kein Geringerer als der Chefastronom des Vatikans ließ im Jahr 2008 mitteilen, dass es Katholiken nicht verboten sei, an Außerirdische zu glauben. Demnach habe es sehr wohl Sinn, an Leben auf anderen Planeten zu glauben. Selbst die Überzeugung an anderen Ortes höher entwickeltes Leben stehe nicht im Widerspruch zum Glauben an die göttliche Erlösung. Allerdings verstoße die Anbetung oder religionsähnliche Verehrung vermeintlicher Außerirdischer dem Gebot, wonach Christen keinen anderen Gott verehren sollen.[3] Die Aussage des Chefastronomen war übrigens kein Alleingang. Ein Jahr später, im November 2009, lud der Vatikan führende Astrobiologen nach Rom ein, *um sich auf den aktuellen Stand der Exoplanetenforschung bringen zu lassen. Nachdem sich die Kirche bei Galileo und Kopernikus komplett getäuscht hatte, will sie sich nicht noch einmal eine wissenschaftliche Blöße geben – zumal die Befürchtungen groß sind, dass die Entdeckung außerirdischer Intelligenz eine globale Glaubenskrise hervorrufen wird.*[4] Wie weit ist da noch der Gedankensprung zu Gott als eine reale außerirdische Macht?

Aber wo steckt nun die von mir angenommene Diskrepanz zwischen dem biblischen „Schöpfer" und den „Pyramidengöttern"? EvD ist ein Experte seines Faches und mit einem guten und richtigen Fingerspitzengefühl weigert er sich, das von ihm bewiesene extraterrestrische Wirken mit dem biblischen Gotteshandeln zur Gänze in Einklang zu bringen. Das göttliche Wirken des Neuen Bundes möchte er nicht einmal mit der Zange anfassen. Kein Evangelium wurde zu Jesus Zeiten verfasst. Die so genannten Urtexte seien „… *ein einziges Chaos mit über sechstausend Fehlern, Durchstreichungen, Überschreibungen, Veränderungen und Rückveränderungen. Eine Erfindung folgte auf die nächste. Man kann sich auf keine Übersetzung verlassen – schon die ominösen ‚Urtexte' waren falsch."* [5]

Das vorstehende Zitat stammt aus einer persönlichen Korrespondenz zwischen EvD und mir. Der Anlass war ein schriftlicher Kommentar EvDs zum Inhalt meines eingangs erwähnten ersten Buches. Er bewertet meine Ideen zweigeteilt. Seine „… *Gratulation für die saubere Recherche und Analyse zum Alten Testament …"* steht der oben genannten Kritik gegenüber.

EvD tat unbewusst Recht mit seiner zweigeteilten Betrachtung. Wie bereits gesagt: Meines Erachtens gibt es konkrete Anhaltspunkte, die es sowohl erlauben, den Gott des monotheistischen Glaubens von den Göttern alter Völker zu trennen als auch ihn über eine gemeinsame Schnittmenge kurzfristig zusammenführen. Mit meinem Gedankengut zum Unternehmen Gott stelle ich mich zwischen die Thesen der Prä-Astronautik bzw. der Paläo-SETI[6] und die Botschaft der Gläubigen.

In der Prä-Astronautik vertritt man u. a. die Annahme, dass außerirdische Besuche in der Antike den Götterkult verursachten. Irdische Machthaber hätten den Faden aufgenommen und zu unserer monotheistischen Religion weiter gesponnen.

Die Gläubigen hingegen lehnen sich entspannt zurück und kritisieren: *„Verifiziert nicht nur eure Hypothesen, widerlegt doch erst mal unseren Gott!"*

Ein aussichtsloses Unterfangen? Ich habe den Versuch unternommen, das scheinbar Unmögliche zu präsentieren: Die Widerlegung des Gottes des Monotheismus ausgerechnet mit der theoretischen Beweisführung für dessen mögliche Realität.

Spannen wir im Folgenden den ganz großen Bogen über das im ersten Buch vorgestellte „Unternehmen Gott" also nun in rückwärtiger Betrachtung über Abraham hinaus. Sie werden möglicherweise überrascht sein, wie viel Machbares und vermutlich Wahres nicht nur in der Sintflut steckt. Es werden auch Fragen beantwortet wie: *Warum hat Gott gerade vor Tausenden von Jahren nicht einfach mit einem Handstreich genommen, was er haben wollte? Oder: Warum so ein umständliches und langwieriges Agieren mit dem Versprechen einer Wiederkehr? Er könnte auch von heute auf morgen auf den Plan treten und fordern: Her mit eurem Planeten!*

Seien Sie gespannt auf einen Zeugenbericht aus Gottes direktem Umfeld. Eine Berichterstattung aus dem „Himmel", in der eine biblische Person (!) uns schildert, wie sie Auge in Auge mit Gott und anderen Männern aus dessen Mitarbeiterstab sprach, so wie *„ein Mann mit seinem Nächsten redet"*. Unglaublich? Nein, unglaublich glaublich!

Niemand ist eine Insel oder: Glaubensbekenntnis im 21. Jahrhundert

Bevor wir in das eigentliche Thema einsteigen, lassen Sie mich kurz …
„Oh, nein!", werden Sie jetzt ausrufen und Fürchterliches ahnen. Wie
oft hat man den einleitenden Satz in diversen Seminaren gehört und
anschließend mehr verspannt als entspannt und mit leicht verdrehten
Augen eher weghört als zugehört. Keine Sorge, ich will Sie nicht mit
einem Exkurs in die – wie ich es nenne – „quantentheologische Philo-
sophie" langweilen. Die folgenden Betrachtungen stehen auch nicht
insgeheim unter der Überschrift „Und was ich sonst noch alles weiß".
Wer möchte, darf selbstverständlich schnell lesen oder gar Seiten
überschlagen. Es ist nur so: Sie erhalten in diesem kleinen Abschnitt
physikalisch begründete konkrete Anhaltspunkte, die die Annahme
rechtfertigen, dass außerhalb unserer physikalischen Welt womöglich
ständig quantenmechanische Berechnungen durchgeführt werden,
die unsere Realität beeinflussen. Eventuell stehen wir einer kosmischen
Intelligenz gegenüber, die nach eigenem Ermessen unsere hiesige Realität verändern kann. Wenn diese Annahmen wirklich gerechtfertigt
sind, dann gehören sie als Randbetrachtung hierher. Denn dann wird
umso deutlicher, was einen echten universalen Geist im Quant vom
Gottestheater aus Personenhand unterscheidet.

Werke wie „Das Unternehmen Gott" oder die einschlägigen Geisteshal-
tungen und Meinungsäußerungen unzähliger Gleichgesinnter gehen
doch immer mit einer Frage einher:

Wenn das Wirken extraterrestrischer Intelligenzen das dem Menschen
immanente Gottstreben fälschlich umlenkte, gleich ob beabsichtigt
oder vom Menschen falsch interpretiert oder beides, sind die Gläubigen dann die Verlierer und die Atheisten die Gewinner? Wo bleibt
dann der oder das wahre GOTT?

Selbstverständlich gibt es weder Gewinner noch Verlierer. Es ist doch eine normale Schlussfolgerung, dass jede gleichartige Intelligenz im Universum auf dieselben universellen Bausteine mit demselben innewohnenden universalen Geist basiert und am Ende ihrer Lebenszeit denselben Weg in die Raum- und Zeitlosigkeit antritt. Menschen wie EvD, wie ich und etliche Gleichgesinnte machen keinen Hehl daraus, dass ein jeder auf seine Art gläubig ist und auf die Kraft des Gebetes vertraut.

„Aha!", würde jetzt der eine oder andere Religionsanhänger der einen oder anderen Weltreligion oder ihrer untergeordneten Spielarten sagen, *„selbst diese Leute sind auf dem rechten Weg, nur merken sie es nicht. Natürlich sprechen sie von unserem Gott …*

– *der nur unserer Gemeinschaft das Auserwähltsein versprochen hat.*

– *der für die Beanspruchung des weltanschaulichen Erkenntnis- und Handlungsmonopols nur für uns gestritten und gemordet hat.*

– *dem wir es gleichmachen; wie der Vater, so der Sohn."*

Sehen Sie, lieber Leser? Das Unternehmen Gott lebt! Die Macht des Glaubens gehört längst zu den auffälligsten und dramatischsten Phänomenen der Gegenwart. Die verstörenden Erscheinungsformen sind vielfältig und steuern auch die Politik westlicher Staaten.

Was würde geschehen, wenn der biblische Gott in Form extraterrestrischer Persönlichkeiten zurückkehrte und die Früchte seiner Aussaat einforderte? Wer würde sich distanzieren und ausrufen:

„Das ist doch ein gewöhnliches außerirdisches Himmelsspektakel! Ich kündige den Bund!"

Etwa die machtbesessenen Oberhäupter der führenden Staaten? Erinnern Sie sich: Im Weißen Haus regierte mit George W. Bush ein

Präsident, der sich als „wiedergeborener" Christ verstand und der seine Entscheidungen mit göttlichem Ratschluss untermauerte.[7] Die Politik der stärksten Weltmacht unterliegt auch weiterhin dem Einfluss evangelikaler Prediger mit ihrer Aufteilung der Welt in Gut und Böse. Selbst ein skeptischer Präsident würde sich mit Lippenbekenntnissen nur so überschlagen müssen.

„Nun gut", höre ich beschwichtigende Einwände, „die Amerikaner … aber das moderne Europa! Das lässt sich doch nicht von Sandmännchen- und Märchenfeegeschichten verführen. Schließlich ist der Bedeutungsverlust der Religion allein in Deutschland so ausgeprägt wie nie zuvor."

Das mag sein, aber sagen Sie das nicht dem deutschen Amtskollegen des US-Präsidenten. Der Bundespräsident Christian Wulff besetzte zumindest noch Wochen nach seiner Wahl einen Kuratoriumsposten bei einer christlich-fundamentalistischen Bewegung.[8]

Jede Religion hat irrationale Elemente. Was ist, wenn schon die Staatsoberhäupter eine Eigengesetzlichkeit gutheißen, mit der dem vorgeblichen Schöpfer des Universums die höchste Autorität zugestanden wird?

Das Ergebnis einer Studie dänischer Neurologen aus dem Jahr 2010 macht das Szenario des wiederkehrenden vorgeblichen Schöpfers nicht weniger dramatisch. Demnach werden die für eine gesunde Skepsis verantwortlichen Hirnregionen durch Glaube und Autorität lahmgelegt.[9]

Machen wir uns nichts vor, man wird um die Gunst des Schöpfers buhlen. Man schlägt sich doch bereits weltweit die Köpfe ein. Jeder nimmt für sich einen hausgemachten „Ober-Sticht-unter-Gott" in Anspruch. Selbst die Skeptiker unter den Staatsverantwortlichen werden im Falle der versprochenen Rückkehr miteifern müssen, ob sie wollen oder nicht. Ansonsten droht der Machtverlust über die verweigerte göttliche Anbindung. Führen Sie nicht die vielfältigen Ausrichtungen und Konflikte innerhalb des Christentums oder des Islams als einen Stolperstein ihrer selbst an. Diese Probleme sind zweitrangig. Das prinzipiell erfolgreiche Unternehmen Gott stellt mit steigender Tendenz die absolute Mehrheit auf der Erde. Das Christentum und der Islam praktizieren bereits jetzt einen positiven Gedankenaustausch, sowohl in den höchsten kirchlichen Instanzen wie auch zwischen den christlichen und muslimischen Gemeindemitgliedern an der Basis.

Lassen Sie mich an dieser Stelle eine mir häufig gestellte Frage einflechten:

Wenn der „liebe Gott" nichts weiter ist als eine außerirdische Organisation, die sich unseren Planeten einverleiben will, dann hätte er doch ausgerechnet vor mehreren Tausend Jahren ganz einfach nehmen können, was er haben wollte. Warum sollte er so umständlich und langwierig handeln?

Meine Antwort lehnt sich an unser eigenes politisches Handeln an. Sie müssen einfach nur in größeren Relationen denken:

Sie haben grundsätzlich Recht. Das gilt aber nur dann, wenn man sich mit Mann und Maus auf einem bewohnbaren fremden Planeten niederlassen möchte. Das gilt nicht, wenn ich im Weltraum Kolonien erschaffen will.

In dem Fall ist es weitaus sinnvoller, sich ein Volk zu erziehen, welches sich nach meinem Sinne und nur mir zugewandt entwickelt; letztendlich den gesamten Planeten im Gepäck. Wie würde man vorgehen, wenn man im Weltraum Kolonien erschaffen möchte?

Betrachten Sie im kleineren Rahmen unser eigenes politisches Verhalten. Wenn ein Staat mit den reichlichen Bodenschätzen einer anderen Kultur liebäugelt und in deren Land ein wirtschaftliches und strategisches Standbein errichten möchte, dann sucht der Staat einen Weg, wie er sich dort einbringen kann. Als Nächstes vermittelt er dem dortigen Volk seine

Wertvorstellungen, baut diplomatische Beziehungen auf und schafft aus seiner mächtigen Position heraus Abhängigkeiten. Im Idealfall spart man damit enorme Ressourcen und vor allen Dingen erntet man keinen Widerstand. Das „Personal" des gesamten Landes spielt einem zukünftig in die Hände.

Das sind banale Vorgehensweisen, die auch für die Kolonisierung im Weltraum gelten. Schließlich stellt sich die Frage, wie eine Handvoll außerirdischer Invasoren einen ganzen Planeten ohne Reibungsverluste und übermäßigen Einsatz von Ressourcen in ihre Herrschaft bringt. Welch einen Aufwand müsste man betreiben, um alles unter Kontrolle zu halten und zu bewirtschaften? Man möchte keinen Widerstand und keine unnötige Arbeit. Man will einen wirtschaftlichen und strategischen Stützpunkt schaffen. Der Stützpunkt muss mit zahlreichen Arbeitskräften versehen sein, die sich in meinem Sinne und mir zugewandt entwickeln. Was ist da besser als die gute alte Seelenfängerei in bester Sektenmanier? Spielen wir ein wenig Gott, gewürzt mit ein wenig Gentechnologie, und die Menschen spielen mir die Bälle zu. Irgendwann stellen sie von selbst eine Macht dar, mit der ich rechnen kann. Das ist der Sinn und Zweck der subtilen Vorgehensweise des Unternehmens Gott. Das ist die Genesis bis zur versprochenen Wiederkehr. Das ist das ganz normale politische Leben.

Dann glauben wir doch mal an die Genesis. Eine außerirdische Hochzivilisation („Unser Vater, der Du bist in den Himmeln …") hat die Erde als einen Planeten erachtet, der eine Investition wert ist. Es ist ein Fakt, dass wir bis heute nicht wissen, wie sich der Sprung zum intelligenten Menschen vollzogen hat. Doch mittlerweile wissen wir um die gentechnologischen Möglichkeiten. Nehmen wir doch einmal an, dass der „liebe Gott" den Missing Link gesetzt hat (Schaffung nach seinem Bilde). Danach hat er geführt, bestraft und vergeben. Kurzum: Er hat uns eine anständige Gehirnwäsche verpasst, die bis heute sitzt.

Nun sind wir wieder bei dem kleinen Gedankenspiel des „wiederkehrenden Gottes". Stellen Sie sich vor, dass der Auftritt Gottes mit den führenden Machthabern dieser Erde zunächst hinter verschlossenen Türen stattfindet. Das Volk wird letzten Endes mitziehen müssen. Oder wollen Sie das Küchenmesser aus der Schublade holen und rufen: „Ich bin enttäuscht! Ich mache nicht mit! Wo bleibt da mein lieber Gott?"

Die grundsätzliche Pragmatik in der Kolonisierungsstrategie Gottes birgt übrigens auch ein wichtiges psychologisches Moment. Stellen Sie sich vor, die Menschheit wäre nie mit Göttern in Berührung gekommen. Es existierte keine schriftliche und dingliche Spurenlage zu göttlichen Wesen aus den Weiten des Kosmos. In der Folge würden wir das Universum womöglich überwiegend auf eine atheistische Art ohne jeden Gottesglauben nur mit nüchternen, wissenschaftlichen Betrachtungen beurteilen. Ein Invasor, der in dieser Ausgangslage ohne Umschweife auf den Plan träte, würde bezugslos auf der Matte stehen. Er würde ausschließlich Angst und Widerstand erzeugen. Das wäre normal, weil er die Menschen ohne vorbereitende Indoktrination vor vollendete Tatsachen stellte und – ganz wichtig! – weil er keine Authentizität mitbrächte.

Gott hingegen ist für viele Menschen unzweifelhaft. Die Authentizität ist aber auch geprägt von Fachkompetenz, Autorität und Akzeptanz. Gott hat bisher genügend Autorität bewiesen und ihm wird weltweit reichlich Akzeptanz entgegengebracht. Das wäre ein verbindlicher Aufhänger, das ist ein diplomatisches Einfallstor. Wenn auch seine Fachkompetenz in Sachen „Schöpfer des Universums" in Anbetracht seiner außerirdischen Gewöhnlichkeit Schaden nehmen wird, so würde seine hochzivilisatorische Allmachtstellung die Fachkompetenz lediglich relativieren und auf ein reales Maß universaler Fähigkeiten zurückschrauben. Letztlich ginge es „nur noch" um die Akzeptanz des für die Genesis verantwortlichen Schlaumeiers.

Sie und ich, lieber Leser, wir leben mit unserer religiösen Weltanschauung nicht mehr in der Steinzeit. Deshalb möchte ich die bereits erwähnte Logik wiederholen: Es liegt auf der Hand, dass jede gleichartige

Intelligenz im Universum auf denselben universellen Bausteinen mit demselben, ihm innewohnenden, universalen Geist basiert und am Ende ihrer Lebenszeit denselben geistigen Abgang in die Raum- und Zeitlosigkeit antritt. Darin wohnt viel Geist. Aber ganz sicher nicht der Heilige Geist des vorgeblichen Schöpfers aus der Bibel respektive dem Tanach oder dem Koran.

Im ersten Buch habe ich so gut wie alle meine Hypothesen mit sachlicher Intellektualität in Anlehnung an wissenschaftliche Erkenntnisse formuliert. Wer viel kritisiert und negiert, sollte auch akzeptable Antworten für eine Lösung parat haben. Natürlich können wir den wahren GOTT oder das wahre GOTT nicht persönlich erreichen. Zumindest nicht in dieser materiellen Welt. Aber können wir im Ansatz etwas Unerklärliches erklären? Einen universellen allgemeingültigen Geist, der für jeden Baustein und somit logischerweise für jede Intelligenz im Universum gleichberechtigt gilt? Womit der Wettkampf um den besten falschen Gott eindeutig zur Farce wird?

Dazu möchte ich eine Analogie voranstellen. Betrachten wir einen handelsüblichen Computer, dann stellen wir fest, dass die PC-Einheit prinzipiell aus den gleichen Komponenten besteht wie der Mensch. Wir haben zum Beispiel:

– eine Festplatte (Gehirn)
– einen Arbeitsspeicher (Gedächtnis)
– einen Prozessor (die individuelle Denkrate)
– ein Motherboard (Wirbelsäule / Rückenmark)
– eine Soundkarte (Stimme)
– eine Grafikkarte (Netzhaut)
– eine Webcam (Augapfel)
– ein Virenprogramm (Immunsystem)
– eine Firewall (Sympathie/Antipathie)
– ein Defragmentierungsprogramm (Schlaf/Traum)
– ein Betriebssystem (Überlebenswille, Neugierde)

Messen Sie dem Gehirn keine übermäßige Bedeutung zu. Mit nüchternen neurowissenschaftlichen Erkenntnissen erklären wir zwar die bisher erkannten Verarbeitungsprozesse im Gehirn, wenn es um die Umsetzung bestimmter Gefühle geht. Aber niemand weiß, wie die Gefühle, also all unsere Bedürfnisse, Empfindungen und Wünsche, in das Gehirn gelangen. Das ist ein rätselhafter Fakt.

Was fehlt in der Mensch-Computer-Analogie? Der betriebsame Geist, der User. Also zum Beispiel Sie, wie Sie gerade Ihre körperliche Hardware führen, um die Daten dieses Buches einzuscannen und zu verarbeiten. Doch welcher User arbeitet autark? Niemand. Die PC-Anwender leben bekanntermaßen von der Vernetzung. Wie funktioniert unser Datenaustausch? Da wir nicht verkabelt sind, müssten wir über eine Art Wireless-LAN-Verbindung verfügen. Und wenn es so ist, wie erklärt sich diese Antenne und wer ist der Administrator in diesem Netzwerk? Der oder das GOTT?

Das sind moderne Gedanken zu alten Mythen. Newton machte es sich leicht. Der Mensch strebt nun einmal nach Ganzheit. Am liebsten hätte man rund um seinen Lebensmittelpunkt alles geordnet im Griff. Dieser Drang zum Überblick mag den bekannten Physiker angetrieben haben, als er im 17. Jahrhundert den Himmel entzauberte, indem er den Kosmos als eine gewaltige Maschinerie beschrieb, die mit der Präzision eines Schweizer Uhrwerks funktionierte. Alle Sterne ziehen sich an, doch für jeden Stern gibt es die gleiche Anzahl von anderen Sternen, die ihn in alle denkbaren Richtungen ziehen; so sollten alle Sterne an ihrem Ort bleiben und die Gestirne gleichmäßig ihre Bahnen ziehen. Über allem thronte der Schöpfergott.

Selbst Albert Einstein ließ sich anfangs von der Systematik blenden und stolperte ausgerechnet über die Newton'sche Ordnung im Universum. Der Fehler war schnell eingesehen und kurioserweise brachte ausgerechnet die moderne Physik zauberhafte Geheimnisse zurück in die Natur. Es ist die Rede von der Quantentheorie.

Schrecken Sie nicht zurück! Ich stelle nur wenige allgemeingültige physikalische Fakten zusammen. Und ich verbreite nicht den Unsinn diverser Wünsche-Mystiker im Sinne von „Wünsch dir was vom Universum". Es gibt Menschen, die ersinnen ein Quantengewebe, um es zu einem dicken Portemonnaie zu spinnen. Lassen Sie die Finger von der Blenderliteratur. Das kann so nicht funktionieren. Ich publiziere auch kein „gefährliches Halbwissen". Entscheidend ist, dass die geltenden Fakten nicht verfälscht werden.

Was brachte nun das Mysterium zurück in die Natur? Kein geringerer als Max Planck (1858–1947), der Begründer der Quantentheorie, äußerte die Vermutung, dass alle Materie nur durch eine Kraft entsteht und besteht, welche die Atomteilchen in Schwingung versetzt und sie zusammenhält. Hinter dieser Kraft vermutete er einen bewussten, intelligenten Geist. [10] Den letzten Satz muss man zweimal lesen. Die Physik mit ihrer sachlichen Nüchternheit spricht in der Tat von einem bewussten und intelligenten Geist in der Materie.

Die Grundlage sämtlicher Quantenrätsel ist das so genannte Doppelspaltexperiment. Der wissenschaftliche Versuch geht auf das ursprüngliche Experiment im Jahre 1802 zurück, bei dem Lichtwellen eine Doppelspaltvorrichtung durchlaufen. Dabei bilden sich streifenförmige Überlagerungsmuster (Interferenzstreifen – die Wellen löschen einander aus oder verstärken einander, wie bei zwei Kieselsteinen, die gleichzeitig nebeneinander in einen stillen Teich geworfen werden).

Heute ist man in der Lage, einzelne Lichtteilchen (also einzelne Lichtquanten oder auch Photonen) durch die Apparatur zu schicken. Im Prinzip ist das so, als würde man mit einer Pistole einzelne Schüsse durch die Versuchsanlage schießen. In letzterem Fall ist uns bewusst, was geschehen würde. Die Projektile würden einen Kugelhaufen entsprechend der Vorgabe des Doppelspaltsystems bilden.

Im Falle der Lichtquanten verhält sich das anders. Jeder weiß zwar um die Welle-Teilchen-Natur des Lichts. Aber wenn man Lichtteilchen isoliert auf die Versuchsreise schickt, müsste dann nicht ein Trefferbild wie mit der Pistole geschossen erfolgen? Seltsamerweise trifft jedoch Einzelteilchen für Einzelteilchen an einem anderen Punkt auf, und all diese Punkte zusammen zeigen das alte Interferenzmuster, das man vom Wellenversuch kennt. Hier richtet sich ein Zirkuszelt der Quantenwelt auf, in dem die geisterhafte Erinnerung in jedem einzelnen Lichtteilchen nur ein Akrobat unter mehreren ist.

Führt man das Experiment mit „handfesten" Elektronen durch, dann geschieht das Gleiche. Das einzelne subatomare Teilchen verwandelt sich nach dem Passieren des Spalts in eine Welle, obwohl es doch als einzelnes Teilchen auftrifft. Es interagiert mit sich selbst. Vergleichbar könnten Sie in unserer makroskopischen Welt zu einer einzelnen Person sagen: „Ich möchte ein Portraitfoto und ein Gruppenfoto von dir haben. Das Portraitfoto haben wir erledigt. Für das Gruppenfoto stelle dich doch bitte im Halbkreis auf." Was für uns ein Witz ist, bereitet dem Elektron kein Problem. Mal ist es eine Welle, mal ein Teilchen. Die Wellen- und die Teilchenfunktion interferieren. Also hat auch die Materie eine Doppelnatur. Das geheimnisvolle Verhalten des Lichts ist somit auch das Geheimnis der Materie, das heißt, es überträgt sich auf die gesamte Existenz.

Denken wir an Max Plancks Worte über den bewussten, intelligenten Geist, der die Materie entstehen und bestehen lässt. Wen wundert es? Das komplizierte Leben resultiert nicht allein aus Materie und Energie. Erst zusammen mit der Intelligenz entsteht bekanntermaßen Leben. Schwenken wir von der Materie noch einmal zurück zum Licht, also zur Energie. Tatsächlich hat bis heute noch niemand vollkommen verstanden, was Licht wirklich ist. Albert Einstein soll gesagt haben: *„Ich möchte den Rest meines Lebens damit zubringen, darüber nachzudenken, was Licht ist"*, nur um letztlich festzustellen, dass ihn 50 Jahre intensiven Nachdenkens der Antwort nicht näher gebracht haben.[11] Es mag verwundern, aber Licht ist zum einen unsichtbar und zum anderen überall vorhanden. Das reicht bis in die Zellen. Dort ist es als sogenannte Biophotonen tätig. Dieses „Lebenslicht" gilt als eine Art Datenträger innerhalb des relativ riesigen Raumes zwischen Atomkern und Elektronenhülle. In der Quantenphysik nimmt man an, dass das vermeintliche Vakuum zwischen Atomkern und Elektronenhülle mit Elementarteilchen gefüllt ist, die sich miteinander im Informationsaustausch befinden. Dabei sollen wellenförmige Energien entstehen, die selbst am absoluten Nullpunkt noch tätig sind. Deshalb werden sie Nullpunktenergien im Nullpunktfeld genannt. [12] Demnach ist auch das Universum keine kalte Leere und der so genannte Stillstand der Atome dürfte eher nicht für den Stillstand eines subatomaren Datenaustausches stehen. Schließlich sprechen wir über das unsichtbare und überall präsente Licht, und das macht selbstverständlich nicht an unserer Körperhülle halt.

Die Biophotonen erklären sich als eine elektromagnetische Schwingung, die von jedem Molekül auf subatomarer Ebene als ein solch schwaches Licht ausgesendet wird, dass man es mit dem Licht einer Kerze aus 20 Kilometern Entfernung vergleichen könnte. Diese Lichtstrahlung regt nicht nur biochemische Abläufe in der Hardware unseres physischen Körpers an. Das „Lebenslicht" informiert die Zellen über das Geschehen im Zellverband und ist somit die Sprache des Lebens.

Jedes Molekül geht hierüber mit einer eigenen Kennungsfrequenz auf Sendung. Die universelle Eigenschaft des Lichts als Datenträger rechtfertigt die Annahme, dass jede „Sendung" prinzipiell überall im Universum präsent ist. Da wundert es nicht, dass ein leicht esoterisch anmutender Hauch durch die Flure der nüchternen Physik weht und dass man geneigt sein könnte, dass Nullpunktfeld als Erklärung für bestimmte Phänomene, wie Vorahnungen und Telepathie, heranzuziehen. Man möchte sogar annehmen, dass der Mensch aktiv am kosmischen Geschehen beteiligt ist.

Wie begründet man diese Gedanken? Begeben wir uns wieder in das Zirkuszelt der Quantenwelt. Die ersten Artisten waren die Photonen und die Elektronen mit ihrem geisterhaften Erinnerungsvermögen. Die Showeinlage der Biophotonen geschah unter dem Dach ihrer Elektronenhülle. Da liegt es nahe, dass der Akrobat „Elektron" mit einem weiteren Kunststück die Quantenmanege betritt.

Ein Elektron ist ein seltsames Ding. Es befindet sich in vielen Zuständen zugleich, solange wir keine Messung durchführen. Erst wenn wir das Elektron beobachten, löst es sich aus einer Art Wolke von (zunächst immateriellen) Möglichkeiten und es legt sich gleichsam auf einen Aufenthaltsort fest. Somit tauchen Teilchen aus dem Nichts auf, sie scheinen an vielen Orten gleichzeitig zu sein und erst, wenn wir sie beobachten, entscheiden sie sich für einen bestimmten Zustand. Man akzeptiert, dass die Messung oder die Beobachtung die subatomare Realität beeinflusst. Das ist ein allgemeingültiger physikalischer Fakt.

Gehen wir über den letzten Absatz nicht so einfach hinweg. Jeder einzelne Satz steckt voller Dramatik. Die Erfahrungen und Selbstverständlichkeiten in unserer makroskopischen Welt lassen uns einen physikalischen Offenbarungseid erkennen. Insbesondere der zweitletzte Satz ist in seiner Spannung kaum zu überbieten. Damit stellen die Physiker schulterzuckend fest: „Ich kann Ihnen etwas zeigen, aber ich kann es Ihnen nicht erklären."

Vergleichbar können Sie sich mitten in den Raum stellen, in dem Sie sich gerade befinden. Suchen Sie sich einen Gegenstand hinter Ihnen aus, auf dem Boden, an der Wand, auf dem Tisch, ganz egal. Schauen Sie nun geradeaus. Sie können den Gegenstand nicht mehr sehen, Sie wissen jedoch, dass er vorhanden sein muss, und Sie möchten ihn visualisieren, also im Raum vermessen bzw. beobachten. Dazu drehen Sie sich um, und schwupp, der Gegenstand ist da, still und starr. Natürlich, was sonst?

Wäre der Gegenstand ein Elektron, dann würde Folgendes geschehen: Sie möchten den Gegenstand erneut beobachten. Wenn Sie sich vorhin über die rechte Schulter gedreht haben, weil Ihnen klar war, dass der Gegenstand hinten rechts im Raum zu finden war, so schauen Sie jetzt über die linke Schulter und fixieren den Raum links hinter Ihnen, vielleicht in der Ecke unterhalb der Decke. Und schwupp, der Gegenstand würde sich nun dort befinden. Einfach nur deshalb, weil Sie vorhatten, ihn jetzt und dort festzulegen, zu beobachten, zu messen.

Kommen wir zum Höhepunkt der Zirkusvorstellung. Das vorläufig letzte anerkannte Teilchenrätsel bietet ein Quantenpaar am Hochtrapez. Zwei Teilchen, die am selben Ort zur selben Zeit entstanden sind, sind durch ein geheimnisvolles telepathisches Band auf Ewigkeit miteinander verbunden. Ändert ein Teilchen eine Eigenschaft, zum Beispiel die Richtung seiner Drehachse, dann ändert auch das andere Teilchen zum selben Zeitpunkt die gleiche Eigenschaft. Das geschieht ohne den geringsten Zeitverzug auch über Lichtjahre hinweg und somit schneller als das Licht. Misst man den Zustand des einen, legt man damit automatisch den Zustand des anderen fest. Das ist schon eine hohe Hausnummer, wo doch das physikalische Gesetz gilt, dass nichts schneller sein kann als das Licht. Demnach beeinflussen wir mit unserer Messung auch diese Art von subatomarer Realität.

Oder vielleicht doch nicht? Bis hierher habe ich die Ergebnisse komplizierter physikalischer Vorgänge grob vereinfacht vorgestellt. Die Fachwelt akzeptiert die Resultate mehr oder weniger widerwillig. Doch ab hier scheiden sich die Geister, wenn der Physiker Antoine Suarez vom Center for Quantum Philosophy in Zürich noch weiter geht und aus einem von ihm konstruierten Versuch sogar eine die Materie steuernde Intelligenz außerhalb unserer Raum-Zeit-Verhältnisse ableitet. [13] Suarez machte sich in einem eigenen Versuchsaufbau die oben genannten „verschränkten" oder auch „verwandten" Teilchen zunutze. Ihn bewegte die Frage, wie die überlichtschnelle Quanteninformation weitergegeben wird. Irgendeine Art von Berechnung muss zugrunde liegen. Ist der Kosmos ein gigantischer Quantenrechner, und wenn ja, wer führt die Berechnungen durch und wo steht der Rechner?

Suarez setzte die „verwandten" Teilchen den Einflüssen der speziellen Relativitätstheorie aus. Das Ergebnis ist, dass der mysteriöse Verschränkungseffekt auch dann auftritt, wenn man nicht sagen kann, welches der Teilchen als Erstes gemessen wurde, das heißt, die zeitliche Kausalität gilt nicht mehr. Und wenn die spukhafte Fernwirkung ihre Wurzeln außerhalb der Raumzeit hat, dann ist sie außerhalb unserer physikalischen Realität angesiedelt. Suarez zieht den Schluss, dass außerhalb unserer physikalischen Welt ständig quantenmechanische Berechnungen durchgeführt werden, die unsere Realität beeinflussen. Womöglich stehen wir einer kosmischen Intelligenz gegenüber, die nach eigenem Ermessen die Realität verändern kann.

Vielleicht schließt sich hier der Kreis zur Eingangsvermutung Max Plancks in Sachen „bewusster und intelligenter Geist". Vielleicht sind wir auf diese Art mit dem kosmischen Netzwerk verbunden. Mit „wir" meine ich uns als den User unserer eigenen Hardware. Vielleicht ist die seltsame kosmische Intelligenz der Administrator und zuständig für die eine oder andere Steuerung des Einzelnen. Vielleicht erklärt sich hierdurch die rätselhafte Eingebung der Bedürfnisse, Empfindungen und Wünsche.

Vielleicht, vielleicht, vielleicht … Darin steckt in der Tat viel Leichtes und kaum harte Fakten. Wie dem auch sei, hier könnte der Adressat für das ehrliche Gebet oder den ehrlichen Wunsch stecken. Doch dann sollte jedem klar sein: Das Gebet oder den Wunsch schickt jede Intelligenz im Universum gleichberechtigt auf die Reise. Wer hier schlagkräftige Argumente für den vermeintlich jeweiligen „Ober-sticht-Unter-Gott" austauscht, der baut sich ein Wolkenkuckucksheim.

Der geschöpfte Schöpfer

Damit sind wir bei dem Kuckuck, der seine Eier in das Nest „Erde" gelegt hat, das heißt bei dem biblischen Gott und der Genesis. Fahren wir so fort, wie wir es von der Analyse des Unternehmens Gott im ersten Buch gewohnt sind. Wir diffamieren nicht, wir schimpfen nicht und wir negieren nicht. Wir geben der absoluten Mehrheit auf der Erde Recht und sagen: Wir glauben auch. Genau wie ihr. Wir hören sogar auf Jesus, der uns in der historisch echten Schrift des so genannten Judasevangeliums mitteilt, dass *„ein großer unsichtbarer Geist"* das Universum durchzieht, *„den kein Auge eines Engels jemals sah … und man rief ihn nie bei einem Namen".* [14] Diese Aussage stimmt nachdenklich. Selbst Moses und Elias kannten den Gott der Bibel von Angesicht zu Angesicht (vergleiche 5. Moses 34,10 und 1. Könige 17,1). Warum galt es dann nicht erst recht für die Engel? Es gibt nur eine Antwort: Der große unsichtbare Geist des Universums und der allseits bekannte Gott sind zwei Paar Schuhe. Hier haben wir einen Beweis, dass der Gott der Bibel nur ein Gott zweiter Klasse ist und dass der genannte Geist über ihm steht.

Aber auch das Universum selbst beschreibt Jesus in der Schrift als *„ein großes, unendliches Reich …, dessen Ausdehnung kein Geschlecht von Engeln jemals sah …"* Jesus bekam im Rahmen seiner Kontakte zum Unternehmen Gott Einblicke in die Größe des Universums. Er wusste sogar von vielen Geschlechtern innerhalb des Universums. Seien wir für einen Moment so gläubig und nehmen an, dass er von den Engeln Gottes im Sinne der Bibel sprach. Wenn wir dem Gott der Bibel nicht die Schöpfung absprechen wollen, dann müsste der Allgegenwärtige und mit ihm seine Engel die Weiten des Universums kennen. Schließlich ist Gott doch permanent von seinen Engeln umgeben. Aber was erfahren wir? Die Engel und somit auch Gott haben offenbar keinen Überblick über das Universum. Wen wundert's?

Es geht noch weiter: Der *„große, unsichtbare Geist"* ließ aus einer Wolke heraus *„den göttlichen Ewigen"* entstehen. Jesus schien im Zuge seiner Nähe zum Gott zweiter Klasse einiges erfahren zu haben. Denn auch diese Kenntnis entspricht unserem Wissensstand. Jesus sprach von unseren gegenwärtigen Erkenntnissen zur Urknalltheorie (denken Sie an die erste wolkenartige Materie nach dem Urknall in Form der leichten Gase Helium, Wasserstoff und Lithium). Diese Wolke steht dem „göttlichen Ewigen" laut Jesus vor. Damit ist der Lack ab. Der Gott der Bibel hat denselben Ursprung wie jeder andere auch.

Allerdings spricht Jesus dem Gott der Bibel nicht seine außerordentliche Mächtigkeit ab (oder besser gesagt: hochtechnologische Fortgeschrittenheit). Er war ja tatsächlich ein Schöpfer. Schließlich hatte er Johannes und Jesus mittels künstlicher Befruchtung in Szene gesetzt.

Am Rande vermerkt: Wenn man sich die authentische Judasschrift im Internet anschaut, dann hat man nicht den Eindruck, dass das Evangelium das Ergebnis vieler Hände Arbeit ist. [15] Es scheint frei zu sein von Streichungen, Veränderungen und Rückveränderungen. Das ist interessant, weil das Judasevangelium über die oben vorgestellten Textausschnitte hinaus die vier offiziellen Evangelien bestätigt. Das könnte dafür sprechen, dass der Sach- und Sinnzusammenhang der vier Evangelien trotz aller Kritik an der Entstehung der Schriften gewahrt wurde.

Gönnen Sie mir noch ein Wort zu Jesus selbst. Das ist ebenfalls ein Resultat meines persönlichen Gedankenaustausches mit Erich von Däniken. Im meinem ersten Buch legte ich anhand von Vermutungen, Interpretationen und schriftlichen Fakten Jesu zwiespältiges Verhältnis zum vorgeblichen Schöpfer dar. Ganz offensichtlich sah er sich zunehmend in der Position eines Gratwanderers zwischen dem Unternehmen Gott und den Menschen. Er durchschaute die scheinfromme Art des großen Paten und er erkannte die Unmöglichkeit des Ausstiegs aus der Organisation. Er gab unterschwellig Hinweise auf die unlauteren Absichten des Unternehmens Gott und in einem Fall gewährte er sogar einen wichtigen Einblick in die personelle Struktur und in die Politik des Unternehmens Gott. [16] Ich verließ die Analyse der Jesusvorgänge relativ abrupt über eine Ereignisparallele zwischen einer biblischen Begebenheit am Kreuz und einem tatsächlichen Ereignis Anfang des 20. Jahrhunderts in Fatima. Meine Schlussfolgerungen zu Jesus entbehren keiner Handlungslogik, wenn Jesus nach der „Auferstehungsnummer" untertauchte und seine Erfahrungen mit dem Unternehmen Gott in eine übergeordnete und ehrliche Weltanschauung einfließen ließ. Ein solcher Handlungsfortgang wäre sogar eher typisch. Typisch ist auch, dass es keinerlei Spuren zu Jesu Wirken unter Gottes Fittichen gibt. Gott gab auch keine signierten Keilschrifttafeln heraus. Persönliche schriftliche Zeugnisse und anderweitige Spuren Jesu hätten in ihrer Banalität den Glanz und Glimmer der Auferstehung abstumpfen lassen. Je weniger Spuren, desto mystischer und göttlicher sind die Vorgänge in den Augen der Menschen. Der Mensch soll sich den Glauben erarbeiten. Ein gedeckter Tisch macht nur satt und überdrüssig. Nun gut, dann hätte das Unternehmen Gott aber auch die Person Jesu verschwinden lassen müssen. Entweder per „Entrückung" oder man hätte ihn töten können. Ich sage, das muss nicht so sein. Welchen Schaden hätte er im Falle einer Entlassung nach der Märtyrerschaft anrichten können? Er spielte mit bis zum Schluss und er wollte raus aus der Nummer. Welche Gefahr hätte bestanden, wenn man ihn hätte gehen lassen? Wäre er danach an die Öffentlichkeit gegangen und hätte seine wahren Bedenken mitgeteilt, wer – außer seinem engsten Kreis – hätte ihm die Echtheit seiner Person zugebilligt? Ohne die machtvoll gottgesteuerten Vorgänge im Hintergrund wäre er isoliert gewesen und einer von tausend mittellosen Wanderpredigern, dem man eine Gegendarstellung als Blasphemie ausgelegt hätte. So ist es nicht unwahrscheinlich, dass er sich auf den Weg nach Indien machte. [17] EvD führte in Srinagar/Kaschmir ein Gespräch mit dem Vorsteher einer Religionsgemeinschaft, die nach eigenem Bekunden das Grab Jesu von Nazareth als Wallfahrtsstätte betreut. Mir sind die Querelen um dieses Thema bewusst. Aber eine Textstelle aus einer

29

interessanten Quelle sollte uns zu denken geben. EvD wurde von dem Vorsteher darauf hingewiesen und im Staatsarchiv von Srinagar wurde er fündig. [18] Demnach wurde der damalige Herrscher von Kaschmir auf einen Fremden aufmerksam. Dieser saß im Gras und hatte Zuhörer um sich geschart. Der Herrscher ließ den Fremden fragen, wer er sei, und der Mann im weißen Gewand antwortete mit ruhiger und glücklicher Stimme:

„Ich bin geboren aus einer jungen Frau. Ich wandelte und predigte in Palästina und lehrte die Wahrheit gegen die Zerstörung der Traditionen. Sie nannten mich Messias. Aber sie liebten meine Lehre nicht, verwarfen die Traditionen und verurteilten mich. Ich litt sehr in ihren Händen."

Zurück zur Schöpfung. Wie steht es nun um die Schöpfungsgeschichte bis hin zu Abraham? Können wir der Genesis etwas Echtes abgewinnen? Finden wir neben dem abgeschlossenen Wirken von Abraham bis Fatima (siehe hierzu mein erstes Buch) auch in den biblischen Anfängen gewöhnliche Hinweise für das ungewöhnliche, aber reale Wirken für das von mir formulierte „Unternehmen Gott"? Und zwar auch hier über:

- eine Struktur im Sinne einer inneren Aufbauorganisation
- eine Ideologie im Sinne eines Systems weltanschaulicher Vorgaben zur Durchsetzung der Machtinteressen
- eine Politik im Sinne eines berechnenden, taktierenden und zielgerichteten Handelns, welches in einem größeren Zusammenhang steht und die wahren Absichten nicht zu erkennen gibt

Lesen Sie die folgenden zusammengestellten Textstellen zu Gottes Wirken und seinen Forderungen aus 1. Mose und 2. Mose:

„Und Gott schuf den Menschen in seinem Bilde ... und Gott sprach zu ihnen: Seid fruchtbar und mehret euch und füllet die Erde und machet sie

euch untertan … und … wenn ihr fleißig auf meine Stimme hören und meinen Bund halten werdet, so sollt ihr mein Eigentum sein … denn die ganze Erde ist mein …"

Wie wir dem Text entnehmen können, half der Gott des Monotheismus in der Evolution nach, damit die gesamte Erde ein (sicherlich weiterer) Posten im Universum ist; versehen mit einem dienerhaften Potenzial von indoktrinierten Menschen. Wohlgemerkt: die gesamte Erde; nicht nur ein selektiertes Volk an einem auserwählten Platz. Wundern wir uns da noch über die vielen Ähnlichkeiten in den Schöpfungsmythen verschiedener Kulturen? Es ist kaum anzunehmen, dass die Völker voneinander abschrieben, wenn:

- die Sumerer mit Keilschrift auf Tontafeln von einer oberhalb der Erde befindlichen Schöpfungskammer berichten, in der die Menschen geformt wurden. [19]
- die Maya im heiligen Buch „Popol Vuh" im Detail auf vier Schöpfungsversuche eingehen. Erst im letzten Versuch … *waren den Erzeugern endlich vernünftige Wesen gelungen, vier Männer, die ihren Schöpfern dankten …* [20]
- die Inder von 4000 Männern und 4000 Frauen sprechen, aufgeteilt in vier Kasten. Interessanterweise besitzt der Schöpfer Brahma „vier Gesichter" und er kann geistesschnell an jeden gewünschten Ort im Universum fliegen. [21] Hier werden Erinnerungen an die Bibel wach: Daniel beschreibt in Kapitel 7,6 ein Fluggerät mit „vier Köpfen" und „vier Flügel[n]". Ezechiel sah definitiv ein Fluggerät, ebenfalls mit „vier Angesichtern" und vier Flügeln (vgl. Ez. 1,6).
- die Mesopotamier in einer 3700 Jahre alten Keilschrift bei der Beschreibung der Schöpfung des Menschen von der unsäglichen Rippe ablassen und viel bezeichnender von Blut als Schöpfungsmaterial sprechen: *„Lass mich Blut zusammenmengen und Knochen machen. Lass mich das Urwesen erschaffen – Mensch sei sein Name."* [22]

- auch die Muslime von einem Blutklumpen als Urmaterial ausgehen.

Die oben genannte Keilschrift der Mesopotamier enthält eine weiter-
gehende Information, die mit dem Textauszug aus 1. Mose und 2. Mose
konform geht. Allerdings wird der Sinn und Zweck der Erschaffung des
Menschen auf der Keilschrifttafel unverblümt ausgedrückt:

*„Ich will einen primitiven Arbeiter erschaffen; er soll im Dienst der Götter
stehen, auf dass sie es leichter haben."*

Das ist wichtig! Wir kommen später auf diese Politik Gottes zurück.

Nebenbei bemerkt: Uns sollte bewusst sein, dass die religiösen Schöpfungsgeschichten keine grundlegende Erklärung für unser Dasein
bieten. Wenn der selbst ernannte Gott den Missing Link einfügte, dann
wäre das für mich evolutionär betrachtet zwar von Interesse, aber ohne
besondere Dramatik. Es würde doch nur eine Verlagerung grundsätz-
licher Fragen nach dem Woher bedeuten.

Es ist aber ein Fakt, dass der rätselhafte Evolutionssprung in der Entwicklung der Menschheit bis heute ungeklärt ist. Die mehr oder weniger gequälten Schulbuchtheorien bieten allesamt weniger brauchbare
Spuren, als die Indizien der „Gottesnummer" uns aufdrängen. Das gilt
sowohl für die einschlägige Evolutionstheorie wie auch für den gegen-
teiligen Erklärungsansatz. Hiernach soll der Mensch nicht ein Produkt
des „survival of the fittest" sein, sondern das Ergebnis einer fürsorgli-
chen Nachwuchspflege. So gibt es die Theorie von der Zunahme der
Gehirnsubstanz mit der einhergehenden Verringerung der Behaa-
rung.[23] Dieses mit der Auswirkung, dass die Jungtiere sich nicht mehr
an ihre Mutter klammern konnten. Für die dünnfelligen Mütter ergab
sich die Konsequenz, die Jungen mit den Händen zu stützen, was sie
wiederum zwang, sich aufzurichten, um das Kind mit den vorderen
Gliedmaßen zu halten. Sie kamen weniger schnell voran, verloren den

Anschluss an die Fellträger und mussten neue Unterkunfts- und Verteidigungsstrategien ersinnen. Das Gehirn kam gehörig auf Trab, die Handinnenflächen und die Fingerkuppen erhielten sensible Funktionen, und zack – der Mensch war da. Na ja …

Bleiben wir bei den erdweiten Indizien. Wenn der Missing Link mit dem Gott der Schöpfungsgeschichten, respektive dem Gott der Bibel, erklärt werden soll, dann nicht mit der einfachen Bemerkung: *Eine extraterrestrische Hochzivilisation wird schon ihre Möglichkeiten gehabt haben.*

Erich von Däniken schreibt in einem Editorial: *„Weil wir uns weigern zu erkennen, wer wir sind, krempelten wir jahrtausendealte Wahrheiten zu Mythen um. Jetzt werden die Mythen von der Realität eingeholt …"*[24]

Was ist der Hintergrund? Die WELT AM SONNTAG brachte es am 23. Mai 2010 mit einer Schlagzeile auf den Punkt: „WIR SIND GOTT!" Eine Nachricht aus Rockville, Maryland / USA verkündete einen maßgeblichen Durchbruch auf dem Weg zur Erschaffung von künstlichem Leben. Wissenschaftler um den US-amerikanischen Biochemiker und Genomforscher J. Craig Venter haben ein Genom (also den vollständigen Satz der Gene im einfachen Chromosomensatz einer Zelle) vollständig am Computer entwickelt und dann durch chemische Synthese zum Leben erweckt. Es wurde nicht das kleinste Stück natürlichen Erbgutes verwendet. Die synthetische Zelle reproduzierte sich erfolgreich von selbst. *„Durch den Ersatz des ursprünglichen Erbguts der Zelle durch das aus einzelnen Genomsequenzen zusammengesetzte künstliche Erbgut stieß die Mutterzelle die Reste des Original-Erbguts ab und reproduzierte in der Folge nur noch Stoffe nach Vorgabe des künstlichen Erbguts. Den Forschern ist es also erstmals gelungen, eine Zelle zu schaffen, wie sie vollständig durch ein fremdes und zugleich künstliches Genom kontrolliert wird. Bereits zuvor war es den Forschern gelungen, das Erbgut eines Bakteriums nachzubauen und das vollständige Genom eines Bakteriums in ein fremdes zu verpflanzen. Die Kombination beider Verfahren verhalf Venters*

Team nun zu dem aktuellen Durchbruch auf dem Weg zur Erschaffung künstlichen Lebens." [25]

Künstliches Leben bedeutet aber nicht künstliche Intelligenz. Wie wir wissen, steckt ein bewusster, intelligenter Geist bereits im Quant. So mögen Wissenschaftler aus Materie und Energie die erforderlichen chemischen Reaktionen zur Schaffung künstlichen Lebens entstehen lassen. Doch in jedem Fall bringen erst die unterschwellig vorhandenen intelligenten Pläne Leben aus an sich toten Bausteinen hervor. Das gilt selbst dann, wenn die intelligenten Pläne im Kopf des Wissenschaftlers statt in natürlich vorhandenen DNS-Molekülen gespeichert sind.

Der Geist ist bei der künstlichen Schöpfung nicht beeinflussbar. Ich spreche nicht über die Intelligenz im Sinne von schlau oder weniger schlau. Ich meine den oben genannten Quantengeist bei der Schöpfung des Lebens. Da bleibt es unbenommen, dass der etwaige künstlich erzeugte Mensch erst im Zuge der Sozialisation zu einer konkreten Persönlichkeit heranwächst und eine mehr oder weniger geförderte Intelligenz ausbildet. Wir kommen später im Zusammenhang mit den „Riesen" noch einmal darauf zurück.

Planspiel Erde

Beenden wir die quantentheologischen Philosophien. Wenden wir uns endgültig der greifbaren Realität zu: der bekundeten Absicht Gottes, aus dem Planeten Erde einen Posten im Universum zu schaffen, der angefüllt ist mit von ihm gentechnologisch in Szene gesetzten menschlichen Arbeitern, „so dass die Götter es leichter haben". Das hört sich nach Besitznahme und Nießbrauch an. Aber auch nach einer Art Erziehungsberechtigung. Ausweislich der mesopotamischen Keilschrift sollte das Bildungswesen im Rahmen der Erziehung zielgerichtet verlaufen, schließlich wünschte man sich einen „primitiven Arbeiter".

Nun gut, dann hätten wir einen „himmlischen Vater", der in seinen „Kindern" eine willfährige „Altersversorgung" sieht. Somit durfte es im Bildungswesen keine Konkurrenz geben; ansonsten wäre mit zunehmender Kritikfähigkeit das falsch ausgerichtete Schöpferbild aus den Fugen geraten. Nennen Sie einen Umstand aus der Bibel, nur ein Wort Gottes, mit dem er zum Beispiel eine astronomische Bildung forcierte. Niemals plauderte Gott aus dem Nähkästchen (es sei denn zur Festigung seiner Schöpferallmacht; aber dazu an geeigneter Stelle mehr). Wie steht es um das nützliche Alltagswissen im täglichen Überlebenskampf? Nie gab es einen intelligenten Hinweis. Nicht einen Fingerzeig, der einen Entwicklungssprung bedeuten könnte. Es gab nur Nachhilfeunterricht in Sachen Buße, Buße, Buße und beten, beten, beten. Das Unternehmen Gott schirmte seine „Familie" permanent vor fremden geistigen Einflüssen ab. Gott will „primitive Arbeiter". Die uralte Keilschriftaussage steht! Sie meinen, davon haben wir uns doch weit entfernt? Nein, dieser „primitive Arbeiter" wäre zum Beispiel auch ein intelligenter Mensch der Gegenwart; ein Gläubiger, bei dem die jahrtausendealte Gehirnwäsche noch funktioniert und der Gottes Indoktrinationen in seine gesellschaftlich hohen Amtshandlungen einfließen lässt (ich will an dieser Stelle nicht wieder auf unsere Staatsoberhäupter eingehen).

Im Innenverhältnis von Gott zu Mensch geschieht die weltanschauliche Bildungsblockade wie bei einer gut funktionierenden Sekte:

- Man suggeriert das göttliche Auserwähltsein.
- Man nutzt das Bedürfnis nach Lebenshilfe und Klärung individueller Lebenskrisen aus.
- Man postuliert den weltanschaulichen Alleinvertretungsanspruch und setzt diesen notfalls mit Gewalt durch.
- Man verkündet nicht einhaltbare Heilsversprechen, die Rettung und Erlösung nur denen zuteil werden lassen, die ihr Recht auf freie Entfaltung der Persönlichkeit aufgeben, unter anderem die Freiheit der Weltanschauung.
- Man erlässt Gesetze, verurteilt und bestraft aus einer Hand.
- Man erzeugt irrationale Furcht- und Schuldgefühle und bietet sich zugleich als Institution an, die helfend zur Seite steht.
- Man bestraft das Verlassen der Gemeinschaft.

Auf tiefer gehende Ausführungen zum Zuckerbrot-und-Peitsche-Programm des Gottes der monotheistischen Religionen müssen wir hier verzichten. Ich verweise auf die Argumentationen in meinem ersten Buch.

Aber wie gestaltete sich das Außenverhältnis von Gott zu – ja zu wem? Agierte das Unternehmen Gott ungestört auf unserer Erde oder pfuschten dem „Allmächtigen" ebenso starke Mächte ins Handwerk? Eventuell waren die außerirdischen Akteure des Unternehmens Gott nicht die einzigen interstellaren Interessenten an uns und unserem Planeten. Begeben wir uns zurück zu den Anfängen, also weit vor Abraham. Die erste Panne im Paradies steht stellvertretend für so manchen Ärger, der das Unternehmen Gott von Beginn an nicht reibungslos laufen ließ. Das ist das ganz normale Leben. Offenbar hatte auch das junge Unternehmen Gott mit Stolpersteinen zu kämpfen. Wer war so ebenbürtig, dass er dem Unternehmen Gott den Planeten Erde samt Personal streitig machen konnte?

Im Paradies machte jemand die ersten mit dem Missing Link geimpften Menschen abspenstig, indem er sie – wie bezeichnend! – vom Baum der Erkenntnis kosten ließ. Erkenntnisse sind aufschlussreiche Auskünfte, Belehrungen oder auch Informationen. Im so genannten „Sündenfall" könnten es Daten und Fakten zum wahren Gott-Mensch-Verhältnis des „ersten" Menschen gewesen sein. Mit diesem Wissen verließen die Informierten in ihrem Geiste die Gemeinschaft der von Gott gewollten weltanschaulichen Kleingeistigkeit. Das Verlassen der indoktrinierten Gemeinschaft wird noch heute von Sektenführern bestraft. Wer weiß, was wir uns unter der Verbannung aus dem Paradies vorstellen dürfen. Wer Leben geben konnte, war auch in der Lage, Leben zu nehmen. Das praktizierte Gott in der Folgezeit noch reichlich.

Wem das Paradies der Christen und der Schöpfungsraum der Juden, der Muslime, der Sumerer, der Mesopotamier, der Maya, der Inder, der nordamerikanischen, der afrikanischen oder auch der australischen Urvölker zu spekulativ ist, der begebe sich nachfolgend in die Welt schriftlicher Tatsachen. Bedenken Sie zuvor eines:

Wenn meine bisherigen Erhebungen korrekt sind und das Unternehmen Gott erst ab Abraham konkurrenzlos lief, dann könnte es schon vor Abraham den Versuch der Installation einer Stammvaterfigur (ähnlich Abraham) und einer Führergestalt (ähnlich Mose) gegeben haben. Wie wäre es mit Henoch und Noah?

Henoch

Die Bibel nennt einen maßgeblichen Zeugen nur am Rande. Henoch, der Vater Methusalems und der Urgroßvater von Noah, war nicht nur der siebte vorsintflutliche Prophet. Er war der erste verbriefte Fluggast in den stellaren oder gar interstellaren Raum! Die spärlichen Angaben in der Bibel lassen die Ableitung dieser Aussage nicht zu. Dort heißt es lediglich – aber immerhin –, dass Henoch mit Gott wandelte und von diesem entrückt wurde. Danach habe man ihn nicht mehr gesehen (vgl. 1. Mose 5,23 und Hebräer 11,5). Henoch wird außerdem im Stammbaum Jesu genannt (siehe Lukas 3,37) und in Judas 1,14. Im letztgenannten finden wir sogar ein Zitat aus 1. Henoch. Das ist immerhin ein Indiz für die frühchristliche Akzeptanz der Henochschrift.

Die Himmelsreisebücher des Henoch aus der Zeit noch vor dem Neuen Testament verraten uns sensationelle Details.[26] Unter anderem gab es erneut einen „Sündenfall", weil aus den Reihen der Gottesmannschaft Abtrünnige eine Verbrüderung mit den Menschen eingingen und ihnen Bildung aus verschiedenen Bereichen zukommen ließen. Wir können uns jetzt bereits ausmalen, wie sauer der Chef darüber war.

Bevor wir auf Henoch eingehen, müssen wir uns eines vor Augen führen: Die Bücher des Henoch sind ein Beweis par excellence. Henoch nennt uns Namen, konkrete Begebenheiten und Umstände zu den Außerirdischen! Viele Leser werden nun den Kopf schütteln, weil doch nicht sein kann, was nicht sein darf. Wenn es so wäre, dann wäre das doch bekannt! Die Wissenschaft würde sich darauf stürzen und die Kirchen gerieten in Erklärungsnot.

Seien Sie doch nicht so obrigkeitshörig! Stellen Sie sich die folgende Situation vor:

Ein junger Theologiestudent liest zum Beispiel Henoch, Abrahams Himmelsreise, die Baruch-Apokalypse, die Himmelfahrt des Jesaja und des Mose, er liest von Esra, Daniel und auch Ezechiels Sachbericht mit dem keineswegs überzogenen kritischen Verstand im Sinne eines Erich von Däniken oder meiner Wenigkeit und vieler weiterer Autoren und Skeptiker.

Kurz gesprochen:

Der Theologiestudent interpretiert ganz einfach mit dem Verstand des 21. Jahrhunderts. Ihm ergeht es so, wie dem eingangs erwähnten Priester, dem ebenfalls die Hutschnur hochging. Der Theologiestudent ist entsetzt. Er weiß um die Echtheit der Schriften und er kann eins und eins zusammenzählen. Plötzlich erkennt er, dass sogar die Sanskritgelehrten in Indien die gleichen Gewissenskonflikte austragen. In deren Epen, Veden und uralten Texten werden Flugkörper, Flugbewegungen und hochtechnologische Waffeneinsätze beschrieben, die keinem damaligen Geist als Vision entsprungen sein können. [27] Der Sanskritgelehrte Prof. Dr. Kanjilal nennt allein fünfzehn alte Quellen, in denen über Flugapparate, Weltraumschiffe und furchtbare Waffen berichtet wird. [28] Die Summe aller Fakten wird übermächtig und der Student begehrt auf. Die wahre Schöpfung des Universums soll sich mit metallenen Flugkörpern in unserer Atmosphäre bewegt haben? Aber die Texte sind zu vielfältig und detailliert, als dass sie Hirngespinste wären. Die Interaktionen zwischen Menschen, Gott und Göttern fanden ebenso statt wie die kriegerischen Handlungen. Selbst die Waffenbeschreibungen bekommen mit dem Verstand der Neuzeit einen Sinn.

Der Theologiestudent möchte in der Vorlesung fragen, ob man nicht vorsichtig andenken könnte, dass die Weltanschauungen religionsübergreifend eine gemeinsame, fehlgeleitete und reale Grundlage haben. Wozu braucht der liebe Gott Fluggeräte und Waffen? Wir dürfen uns vorstellen, wie zaghaft der Finger im Hörsaal aufzeigt. Auf der einen Seite seine rebellierende Ratio und seine vernünftigen Schlüsse, die an das Gewissen appellieren. Auf der anderen Seite seine gläubigen Eltern und die Finanzierung des Studiums. Und was geschieht, wenn er bei dem Professor in Ungnade fällt? Es sind noch Prüfungen und Examen zu bestehen. Wer unterstützt ihn und bringt eine vernünftige Diskussion in Gang?

„Ja, Sie dort hinten. Sie haben eine Frage?"

Herzklopfen, feuchte Hände und juckende Achselhöhlen. Am liebsten möchte der Student aufbegehren und sagen, dass er die offensichtliche falsche Gottzuordnung nicht glauben kann und nicht glauben will.

„Äh, nein. Es hat sich soeben erledigt."

So leugnet der Student das Resultat seiner eigenen Vernunft. Er vergewaltigt sein Gewissen und beugt sich der althergebrachten Schulmeinung. Auch er wird im weiteren Studienverlauf vernünftige Schöpfungsfragen von sich weisen und zum Beispiel die Flugreisen von Abraham, Mose, Elias, Jesaja, Baruch und nicht zuletzt Ezechiel als göttlich inspirierte Visionen abtun.

Seltsam nur, dass

- Abraham eine Flugerfahrung beschrieb, die man nur im Weltall machen kann,
- Mose von einer Verglasung am Flugobjekt spricht, die es damals in der Form noch nicht gab und die in Ezechiels Sachbericht erneut beschrieben wird,
- Elias Abrahams Flugerfahrung in einem Ausstattungsdetail bestätigt,
- Jesaja die physikalische Tatsache der Zeitdilatation bei Reisen im Weltall beschreibt,

- Baruch von Flügeln an einem Flugkörper im Weltraum spricht, die die Sonnenstrahlen einfangen und auf denen große Buchstaben geschrieben waren,
- Ezechiel sachlich und nüchtern ein Fluggerät aus Metall mit klassischen metallenen Landebeinen beschrieb und Flugerfahrungen plastisch schilderte und vieles mehr.[29]

Legen Sie Ihre Hörigkeit vor kirchlicher Lehre und eingefahrener Theologie ad acta. Selbst der Papst kocht nur mit Wasser. Damit meine ich, auch ihm steht nicht mehr zur Verfügung als die alten Schriften. Sie können selber lesen und interpretieren. Lassen Sie sich kein X für ein U vormachen.

Bevor wir uns auf Henoch stürzen, einige Worte zur Glaubhaftigkeit seiner Bücher. Peter Krassa trug in seinem Buch *Gott kam von den Sternen* die folgenden Fakten zusammen:

„Der älteste Bericht der jüdischen Kabbala, der Soher, erwähnt das Henochbuch als ein Werk, das von ‚Generation zu Generation bewahrt und voller Ehrfurcht überliefert' worden sei. Dennoch wurde es später aus dem Kanon der Juden entfernt. Ab dem dritten Jahrhundert unterlag es auch der Verbannung durch die christliche Kirche … Wahrscheinlich hätte das Buch Henoch das gleiche Schicksal wie jene bei Christen einst sehr beliebten und viel gelesenen literarischen Werke erlitten, die durch theologischen Machtanspruch in Misskredit gerieten, hätte nicht ausgerechnet die abessinische Kirche diese alten Texte in ihrem alttestamentlichen Kanon aufgenommen. Dort finden wir Henochs Bericht unmittelbar vor dem Buch Hiob platziert. Im Jahr 1773 brachte der berühmte schottische Gelehrte und Afrikaforscher James Bruce drei Abschriften des Henochbuches aus Abessinien (Anmerkung: heutige Demokratische Bundesrepublik Äthiopien, Ostafrika) *nach Europa mit. Sie sind in England deponiert. Die deutsche Übersetzung erschien in zwei Raten: A. G. Hoffmann stützte sich bei seiner Arbeit, die 1833 herauskam, auf die englische Übersetzung von Lawrence, doch umfassten diese ersten Bemühungen nur die Kapitel 1*

bis 57. Fünf Jahre danach, 1838, wurden dann die restlichen Kapitel der Henoch-Saga, von Kapitel 58 bis 108, veröffentlicht. Als Grundlage diente diesmal die Frankfurter äthiopische Handschrift Rüppel."

Das äthiopische Henochbuch (1. Henoch) ist die einzige vollständige Überlieferung. Die äthiopische Übersetzung beruht auf griechischen und aramäischen Henochschriften. Große Teile des in der aramäischen Originalsprache verfassten Henochbuches wurden 1948 in den Höhlen von Qumran gefunden. [30] Das slawische Henochbuch (2. Henoch) ist nur noch in Kirchenslawisch erhalten.

Somit lesen wir nicht im Kaffeesatz, sondern in einem Tatsachenbericht aus der Zeit weit vor Abraham. Wie es Henoch erging, was er erlebte und was er der Nachwelt mitteilte werde ich mit einer Vermengung von 1. Henoch und 2. Henoch darstellen, ohne den Sinn zu verfälschen. Die Zitate aus den Henochbüchern stelle ich immer kursiv dar.

Die Anbahnung

Henoch war allein im Haus und er schlief in seinem Bett. Er erwachte, weil er sich plötzlich mit zwei Männern konfrontiert sah. Sie sprachen Henoch mit seinem Namen an. Henoch erschrak fürchterlich und er warf sich vor ihnen nieder. Aber warum ? Wenn es doch nur zwei Männer waren, so denkt man am ehesten an zwei Eindringlinge. Denen wirft man sich nicht zu Füßen. Die Männer hatten jedoch eine Furcht einflößende Eigenart: Sie waren riesig. Henoch beschreibt sie als

„… zwei sehr große Männer, wie ich solche noch niemals auf Erden gesehen hatte … ich sah deutlich, wie jene Männer bei mir standen."

In meinem ersten Buch ging ich ausführlich auf die Riesen ein. Das reicht von äußerst konkreten Erwähnungen in der Bibel bis zu Artefakten und körperlichen Überresten, die uns heute als Beweismittel vorliegen. Die Riesen sind eine glaubhafte Spezies der damaligen Epoche. Sie waren offenbar um die 3,50 Meter groß. [31] Die Riesen waren nicht nur groß, sie waren auch eine göttliche Komponente. Ausweislich 1. Mose 6,4 galten sie als *„Söhne Gottes"*. Die körperliche Größe und die göttliche Anbindung sorgten verständlicherweise für mehr Furcht als Ehrfurcht.

Aber was waren das für Wesen? Gott schuf den Menschen nach seinem Abbild. Das dürfte auch für unsere Körpergröße gelten. Der unmittelbare Mitarbeiterstab rund um Gott bestätigt diese Annahme. Es gab genügend Kontakte verschiedener Propheten zu Gabriel und anderen „Engeln". Immer waren es einfach nur „Männer". Keine Schreck und Furcht auslösenden sehr großen Männer, wie bei Henoch. Das hätte man herausgestellt. Warum waren die Riesen dann größer als die „Kinder Gottes"?

An dieser Stelle erweitere ich die Gründe für die existenzielle Annahme der Riesen um deren mögliche Funktion. Von Henoch erfahren wir, dass die Riesen *„Himmelssöhne"* waren. Wir erkennen eine Übereinstimmung mit dem Begriff *„Söhne Gottes"* in 1. Mose 6,4 *(In jenen Tagen waren die Riesen auf der Erde, und auch nachher, als die Söhne Gottes ...).* „Söhne" bekommt man durch Zeugung. Versetzen Sie sich in die Lage Gottes, der im Zuge des galaktischen Kolonialismus Planeten betritt. Wenn Sie eine Mannschaft für Außeneinsätze benötigen, dann nehmen Sie dafür am ehesten künstlich hergestelltes Leben. Dieses würden Sie so groß und so stark kreieren, dass Sie mögliche Gefahren und Widrigkeiten auf fremden Planeten durch die Größe und die Kraft der Riesen vorteilhafter bewältigen könnten, als wenn Sie sich dem selbst aussetzen müssten. Andererseits darf die Größe keine Alltagsprobleme hervorrufen. Schließlich müssen die Versorgung und die Unterbringung noch leistbar sein. Nun verstehen Sie, warum wir nie erfahren, dass die verantwortliche Gottesmannschaft riesenhaft war. Die Belegschaft gehörte ganz einfach nicht zum künstlich erzeugten Kanonenfutter vom Gardemaß 3,50 Meter.

Am Ende des Abschnittes „Der geschöpfte Schöpfer" zog ich die Schluss-folgerung, dass der individuelle Geist keine künstlich kreierte Intelligenz bei der Schaffung künstlichen Lebens sein kann. So wird es niemals die klassische vom Killerinstinkt getriebene genmanipulierte Söldnertruppe geben. Die isolierte Erziehung einer künstlich erzeugten Armee mag zwar Gefühle und Empfindungen steuern, aber auch die Lebensgeister dieser Lebewesen wären für äußere Reize empfänglich. Genau das ge-schah laut Henoch, als die Riesenmannschaft Gottes die schöne Erde und die schönen Frauen sahen. Das ganz normale Leben. Eine kleine Truppe aus der Riesenbelegschaft hatte schlichtweg die Schnauze voll und setzte sich ab (wir werden gleich noch darauf eingehen). Henoch nennt uns die konkrete Anzahl und die Namen der Anführer. Er beziffert 20 Gruppenführer und 180 Untergebene, also in einer Stärke von 1 : 9. Heutzutage ist eine Gruppenstärke im geschlossenen Verband zehn Personen stark; ein Gruppenführer und neun Untergebene. Die Mann-schaftsstärke im Stoßtrupp Gottes scheint sich bewährt zu haben.

Henoch erweitert die Beschreibung der überraschenden Besucher:

„Und ihr Gesicht war wie die leuchtende Sonne, ihre Augen waren wie brennende Fackeln, aus ihrem Mund kam Feuer hervor, ihr Gewand war vielfältiger Gesang, das Aussehen [ihrer Füße] war purpurfarben, ihre Flü-gel waren glänzender als Gold, ihre Hände waren weißer als Schnee."

Wir könnten dem Gedanken verfallen, die Männer seien in Raumfah-rergestalt gekleidet gewesen. Schließlich kamen sie, um mit Henoch *„… hinauf in den Himmel zu gehen"*. Das geschah laut Henoch, indem sie ihn *„auf ihre Flügel"* nahmen und hinauftrugen. Der Gedanke von Männern in Raumfahrermontur ergibt jedoch aus mindestens drei Gründen keinen Sinn.

1. Auf der Erde würde man keinen unbequemen Helm tragen.
2. Man wollte Henoch für sich gewinnen und ihn möglichst we-nig erschrecken: *„Sei guten Mutes, Henoch, in Wahrheit fürchte*

dich nicht! Der ewige Herr hat uns zu dir gesandt. Und siehe, [noch] heute wirst du mit uns hinauf in den Himmel gehen. Und beginne, deinen Söhnen und allen deinen Hausgenossen alles zu sagen, was sie auf Erde und in deinem Hause ohne dich tun sollen. Und niemand soll dich suchen, bis der Herr dich zu ihnen zurückbringt." Ein unnötig martialisches Auftreten wäre da kontraproduktiv.

3. Henoch betont zweimal, dass „Männer" an seinem Bett standen und keine feuerspeienden Ungeheuer mit Flügeln und Getöse.

Gleichwohl gehört die oben genannte Beschreibung zu den Männern. Nun gut, wenn sie Henoch auf Flügeln in den Himmel trugen und wenn Henochs Haus nicht abbrannte, als sie vor seinem Bett standen – immerhin soll doch Feuer aus ihrem Mund gekommen sein –, dann könnte ein zu den Männern gehörendes Flugobjekt beschrieben worden sein. Ohnehin dürfte den Männern die Artikulation schwergefallen sein, wenn denn Feuer aus ihrem Mund kam.

Lesen Sie die Objektbeschreibung noch einmal. Die Augen waren ausdrücklich keine brennenden Fackeln, sondern lediglich <u>wie</u> brennende Fackeln. Fackeln sind Lichtspender. Also beschreibt Henoch etwas, was lichtspendend brennt, aber kein wahrhaftiges Feuer erkennen lässt. Die Scheinwerfer eines Fluggerätes erfüllen die Kriterien.

Anders hingegen der *„Mund"*. Demnach gab es eine Öffnung am Objekt, die sehr wohl Feuer produzierte. Ein Mensch mit der Lebenserfahrung des Henoch würde einen Verbrennungsvorgang im Triebwerk mit einem feuerspeienden Mund vergleichen. Die Flügel erklären sich nun von selbst und die Geräuschentwicklung der Antriebsmaschine ließ nach Henochs Empfinden von der Hülle des Flugzeuges (bezeichnenderweise dem *„Gewand"*) einen *„vielfältigen Gesang"* ausgehen.

Was war Henochs Funktion?

Gott will die Erde mit Mann und Maus. Dabei geht er den Weg des geringsten Widerstandes. Die Menschen sollen von sich aus bitten, beten und flehen, mit der Erde im Gepäck von Gott aufgenommen zu werden. Das praktizieren Sekten in unserer Gesellschaft nicht anders, als Gott es mit seiner ganz großen Nummer bis heute auch geschafft hat (siehe oben im Abschnitt „Planspiel Erde", dritter und vierter Absatz). Da ist kein Unterschied. Wir wissen um Menschen, die ihr gesamtes Vermögen einer Sekte geben, zum Teil sogar ihr Leben. Darunter befinden sich auch Intellektuelle der gesellschaftlichen Elite. Gott hat viel mehr erreicht. Er hat bereits die absolute Mehrheit auf der Erde. Und auch für ihn geben Extremisten tagtäglich ihr Leben. Ich erwähnte bereits, dass der derzeitige „Kampf der Kulturen" irgendwann keiner mehr sein wird. Das ist das normale Auf und Ab im Leben. Die Masse will zunehmend Frieden. Viele besinnen sich heute schon auf die gemeinsamen Gotteswurzeln und man nähert sich an. Für Gott wäre das eine Kolonisierung ohne Einmarsch, Krieg und Unterwerfung. Das Erreichen einer freiwilligen Selbstaufgabe und -hingabe ist das billigste Mittel. Die Raum-Zeit-Relativität lässt dabei für Gott den Spruch gelten: „Die Zeit arbeitet für mich." Was hier 4000 Jahre sind, sind für das Unternehmen Gott unter Umständen nur 40 Jahre. Wir arbeiten grundsätzlich auch 40 Jahre in unseren jeweiligen Berufen. Ein Planet mit „primitiven Arbeitern" wäre doch eine hervorragende Rente für Gott. Gott praktiziert die Politik des langen Atems. Je geheimnisvoller und mystischer er sie gestaltet, desto furchteinflößender ist der „liebe Gott". Dafür braucht er Diplomaten, also Multiplikatoren mit einem besonderen Status, um darüber die Interessen Gottes von Mensch zu Mensch zu vertreten. Henoch kam diese Funktion zu und er erfüllte sie.

Bleiben wir bei dem bekundeten Interesse, einen primitiven Arbeiter zu erschaffen, der den Göttern das Leben angenehmer machen soll (siehe oben im Abschnitt „Der geschöpfte Schöpfer"). Das bedingt einen emotionalen Abstand zwischen der Göttermannschaft und den Menschen. Bier ist Bier und Schnaps ist Schnaps. Warum? Je intimer die Beziehung wird, desto mehr tauscht man sich geistig aus. Bei der Ausführung zu den Riesen deutete ich an, dass so mancher Riese die Arbeit mit dem Angenehmen verbinden wollte. Der Klartext bei Henoch lautet:

„Nachdem die Menschenkinder sich gemehrt hatten, wurden ihnen in jenen Tagen schöne und liebliche Töchter geboren. Als aber die Engel, die Himmelssöhne, sie sahen, gelüstete es sie nach ihnen …"

Selbst unsere Bibel weiß darüber zu berichten:

„In jenen Tagen waren die Riesen auf der Erde, und auch nachher, als die Söhne Gottes zu den Töchtern der Menschen eingingen und diese ihnen gebaren." (1. Mose 6,4)

Nebenbei bemerkt: Lesen Sie den ersten Satz aus Henoch noch einmal: *Nachdem die Menschenkinder sich gemehrt hatten.* Die Redewendung spricht für ein vorheriges In-die-Welt-Setzen. Man könnte es als einen Hinweis auf die Verantwortlichkeit für den Missing Link deuten.

Die Lust der „Engel" ging über das sexuelle Verlangen hinaus: *„… und sie sprachen untereinander: ‚Wohlan, wir wollen uns Weiber unter den Menschentöchtern auswählen und uns Kinder zeugen.'"*

Das spricht für Partnerschaft und Beziehung und somit für eine Abtrünnigkeit von Gott. Der Offizier der Truppe namens Semjasa gab zu bedenken, dass er die Disziplinarstrafe zu tragen habe, wenn die Mannschaft unvollständig zurückkehrt. So kamen sie überein, *„… diesen Plan nicht aufzugeben, sondern dies beabsichtigte Werk auszuführen. Da schwuren alle zusammen und verpflichteten sich untereinander durch Verwünschungen dazu. Es waren ihrer im Ganzen 200, die in den Tagen Jareds auf den Gipfel des Berges Hermon herabstiegen. Sie nannten aber den Berg Hermon, weil sie auf ihm geschworen und durch Verwünschungen sich untereinander verpflichtet hatten."*

In dieser Sache nennt Henoch die 20 Namen der jeweiligen Gruppenführer. Die eingegangenen Partnerschaften bedingen eine zunehmende Vertrautheit. Es ist nachvollziehbar, dass die gefallenen Riesenengel ihren Erfahrungsschatz in allen Lebenslagen weitergaben. Wir kennen den Spruch: Wer ein Haus baut und ein Kind zeugt, pflanzt zur Abrundung der Sesshaftigkeit einen Baum. Dieser wurde für Gott sinnbildhaft zum Baum der Erkenntnis im Familienparadies. Seine Politik wurde unterwandert, die unter anderem lautet: Keine Herausgabe von Informationen, die aus dem angestrebten „primitiven Arbeiter" einen weltanschaulich frei denkenden Gotteskritiker werden lassen können.

Welche gefährlichen Früchte hingen an den Bäumen in den Familienparadiesen? Henoch teilt es uns mit:

„Asasel lehrte die Menschen Schlachtmesser, Waffen, Schilde und Brustpanzerung verfertigen und zeigte ihnen die Metalle samt ihrer Bearbeitung und die Armspangen und Schmucksachen, den Gebrauch der Augenschminke und das Verschönern der Augenlider, die kostbarsten und erlesensten Steine und allerlei Färbemittel."

„Semjasa lehrte die Beschwörungen und das Schneiden der Wurzeln

Armaros die Lösung der Beschwörungen

Ezeqeel die Wolkenkunde

Arakiel die Zeichen der Erde

Seriel die Zeichen des Mondes

Samsaveel die Zeichen der Sonne

Kokabeel die Astrologie

Baraael das Sternschauen"

Wir erkennen Gottes Problem in der Reihenfolge der Aufzählung. Aus den eigenen vier Wänden heraus und über den Dorfplatz hinweg schaute man zunehmend Gott unter den Rock. Ganz sicher unterließen die Abtrünnigen die Kanalisierung der Informationen auf Gott als den zu fürchtenden allmächtigen Schöpfer der Sterne und alles darunter Befindliche. Aus der Siedlergemeinschaft drohte eine kulturgeistige und wissenschaftliche Entwicklung hervorzugehen, die Gottes Planungen vorausgelaufen wäre und die ihn in Frage gestellt hätte. Das schrie nach einer Säuberungsaktion. Aber nicht im Sinne eines Invasors. Nur mit den Mitteln eines gigantischen Sektenführers: Nur mit Zuckerbrot und Peitsche, mit Strenge und Liebe, mit Angst- und Muterzeugung. Ganz wichtig sind dabei die Umkehrung der Schuld und das Statuieren eines Exempels. Hierfür wurde der Diplomat (Henoch) in das Mutterschiff („Himmel") bestellt. Mittels dieser Vertretung des „auswärtigen Dienstes" blieb Gott als allgegenwärtige Gewissenskontrolle bedrohlich mystisch im Raum.

Gott hatte zwei Aufgaben zu bewältigen, für die er Henoch in die Pflicht nahm: die Repression und die Prävention.

Repressiv, also Zwang ausübend, galt es zu vernichten. Unter dem Mantel einer Disziplinarmaßnahme sollte die aus dem Ruder gelaufene Bildung der Menschenkinder im wahrsten Sinne des Wortes in einem Abwasch fortgespült werden. Wie das gemeint ist, wissen Sie aus Ihrer Schulzeit: die Sintflut. Wie das bewerkstelligt wurde, wusste Henoch, und er hat es uns mitgeteilt. Dazu später mehr.

Präventiv, also vorbeugend, musste Gottes Schöpferimage aufpoliert werden. Wer außer dem Schöpfer des Universums kennt „... *die Zeichen der Erde ... des Mondes ... der Sonne und die Astronomie*"? Hier galt es mit einer Flucht nach vorne etwas geradezubiegen. Rufen Sie sich nochmals den „primitiven Arbeiter" in Erinnerung. Nicht die mangelhafte Intelligenz oder ein beschränktes Wissen prägen das Gotteskind. Der indoktrinierte Geist und die damit einhergehende Hörigkeit sorgen für die Unzulänglichkeit. Für Gott war die absehbare wissenschaftliche Entwicklung keine Frage. Irgendwann würden physikalische und kosmische Erkenntnisse am Gottesthron sägen. Also gab Gott schon weit im Vorfeld Einsichten preis, die nach damaligem Verständnis nur der wissen konnte, der die Hand direkt im Spiel hat. Das gilt umso mehr, wenn der Informationsfluss direkt vor Ort erfolgt, nämlich im Weltall. Aber selbst für Henoch sollte gelten: So viel Wissen wie nötig, aber so wenig wie möglich.

Und? Hat es funktioniert oder nicht? Seien Sie ehrlich. Der Stachel sitzt tief. Wir schauen mit Weltraumteleskopen bis an den Rand des Universums und hören uns sonntäglich mit Andacht an, dass der biblische Gott der Schöpfer der Gestirne und so weiter ist. Es hat funktioniert!

Beleuchten wir Henochs Weg durch Gottes Multiplikatorenschule. Der Erlebnisbericht eines Journalisten über ein exotisches Land und seine ungewöhnlichen Einwohner wäre im Grunde nicht sachlicher. Allein Henochs Abschiedsworte vor dem Flug, gerichtet an seine Sippschaft, sind so natürlich, wie das Abreiseszenario zwischen Vater und Familie am Airport, wenn er dem Ruf des Arbeitgebers in ein fremdes Land folgt:

„Hört, meine Kinder! Ich weiß nicht, wohin ich gehe oder was mir begegnet …", aber seid artig, benehmt euch und macht eurer Mutter und mir keine Schande. *„… Und nun, meine Kinder, soll mich niemand suchen, bis mich der Herr zu euch zurückbringt."*

Der Arbeitgeber drängte, denn laut Henoch riefen ihn *„jene Männer"*, noch während er *„… zu seinen Söhnen gesprochen hatte"*. Das ist das normale Leben! Wir sehen die „Männer" vor unserem geistigen Auge am Rande des Schauplatzes stehen. Kein Ausdruck von flügelbewehrten Feuerspuckern. Henoch mahnte noch eindringlich die Einhaltung eines gottgefälligen Lebens an, und ab ging es.

„… auf ihre Flügel. Und sie trugen mich hinauf in den ersten Himmel, und sie stellten mich auf die Wolken. Und siehe, sie bewegten sich. Und wiederum höher schaute ich die Luft, und höher sah ich den Aer. Und sie stellten mich auf den ersten Himmel. Und sie zeigten mir ein sehr großes Meer, größer als das irdische Meer."

Lassen Sie mich raten: Lautet Ihre Anmerkung ebenfalls „Kein Kommentar"? Was soll man dazu noch sagen? Das ist der Flugverlauf vom Erdboden bis mindestens in die Thermosphäre. Durch die Wolken hinaus in den *Aero*space. Allein die Beschreibung *„größer als das irdische Meer"* spricht eindeutig für eine Ortsbeschreibung außerhalb der Erde. Das Meer auf der Erde ist eine uniforme Fläche und der Kosmos wiederum gleicht dem Meer in seiner Einheitlichkeit. Mit Ausnahme der Ausdehnung, die Henoch zu Recht beeindruckte. Glauben wir bitte nicht, dass Henochs reales Abschiedsgespräch vor seiner Sippschaft ein Abendgebet war und er sich anschließend in das Reich der Träume begab.

Holen wir Henoch gedanklich für einen kurzen Moment auf die Erde zurück. Nehmen wir an, Henoch habe dort visionäre Bilder vom Heiligen Geist erhalten. Schließlich ist das die Deutung aller Gläubigen in Erklärungsnöten, das heißt für sämtliche gleichgelagerten Fälle im Alten Testament. Welche seherischen Eindrücke von den Engeln würde der „liebe Gott" beibringen? Auch wenn es nicht den menschlichen Entgleisungen in Form unserer schulbuchartigen Vorstellungen über Engel, womöglich dargestellt als musizierende Kindengel, stilisiert zu kleinkindähnlichen Putten, entspräche, so wäre es ganz sicher kein nüchternes Bild von Flugbewegungen ausdrücklich zwischen den „Planeten". Doch genau das teilt Henoch uns mit. Er befand sich an einem Ort,

„… wo Engel … die Sterne und die himmlische Übereinstimmung beherrschen". Dabei fliegen sie *„mit ihren Flügeln **und gehen um bei allen Planeten"***.

52

Welche sachliche Nüchternheit geht vom letzten Satz aus! Wo bleibt da die Erde als Mittelpunkt des göttlichen Universums mit dem Menschen als Krone der Schöpfung? Wir sind doch Gottes Auslese auf unserem elitären Planeten. Wieso treiben die Engel sich auf anderen Planeten herum? Was für Sie und mich keine Fragen sind, soll anderen als Denkanstoß dienen.

Die Raumschiffe

Um es vorwegzunehmen: Henoch bekommt zehn Himmel zu Gesicht. Meines Erachtens handelt es sich dabei um zwei Raumschiffe mit verschiedenen Räumen, die zum Teil auf einer Ebene liegen und zum Teil auf mehreren Etagen. Lesen wir für diese Interpretation Henochs Beschreibung zur Art der Beförderung von Himmel zu Himmel:

Der erste Himmel ist Ihnen bereits bekannt. Es war das erste Ziel in der Thermosphäre oder gar Exosphäre (*… das große Meer, größer als das irdische Meer …*); erreicht mittels Flügeln, Feuer aus einer (Mund-)Öffnung und dem *Gesang* des Flugobjektes. Henochs Angabe *„Und sie stellten mich auf den ersten Himmel. Und sie zeigten mir ein sehr großes Meer …"* lässt erkennen, dass ein erster Flugabschnitt beendet war. Man hatte Zeit und Muße für Beobachtungen und Gespräche. In diesem Zuge wurden Henoch *„… die Vorsteher und Herrscher über die Ordnungen der Sterne …"* gezeigt. Hier fiel auch die Bemerkung, dass die Engel ab diesem Ort *„… die Sterne und die himmlische Übereinstimmung beherrschen"*. Das ist eine klare Umschreibung für die gekonnte Navigation im Kosmos. Henoch spricht die kosmische Erfahrung auch in einem anderen Satz aus:

„Ich sah die Wege der Engel, [und] ich sah am Ende der Erde die Himmelsfeste oberhalb [der Erde]."

Im Folgenden stelle ich nur die Anfangssätze vor, mit denen Henoch die Verbringung in die jeweiligen Himmel beschreibt.

> *„Und diese Männer ergriffen mich und führten mich hinauf **in den 2. Himmel.**"*

> *„Und die Männer ergriffen mich von dort, und sie führten mich hinauf **in den 3. Himmel.**"*

> - *Und diese Männer führten mich in die nördliche Gegend.*

> *„Und jene Männer nahmen mich und führten mich hinauf **in den 4. Himmel.**"*

> - *Und diese Männer trugen mich in den Osten dieses Himmels.*
> - *Und wiederum trugen mich diese Männer hinauf in den Westen des Himmels.*

> *„Und diese Männer nahmen mich und führten mich auf ihren Flügeln hinauf **in den 5. Himmel.**"*

> *„Und diese Männer nahmen mich von dort und trugen mich hinauf **in den 6. Himmel.**"*

> *„Und diese Männer erhoben mich von dort und trugen mich hinauf **in den 7. Himmel.**"*

> *„Und Gabriel riß mich hinweg, wie ein Blatt vom Wind hinweggerissen wird, nachdem er mich ergriffen hatte, und stellte mich vor das Angesicht des Herrn. Und ich sah **den 8. Himmel.**"*

> *„Und ich sah **den 9. Himmel.**"*

> *„Und **im 10. Himmel** ... sah ich ..."*

Verschaffen wir uns zunächst ein Bild von der Lage der verschiedenen Besuchsstätten. Wie gelangte Henoch von Himmel zu Himmel, also von Räumlichkeit zu Räumlichkeit?

Der erste Himmel wurde mittels Flügeln erreicht. Dort gab es eine grundsätzliche Einweisung.

Von dort aus ging es *hinauf* in eine zweite Örtlichkeit. Der Etagenwechsel geschah offenbar zu Fuß, weil die Männer Henoch *ergriffen und führten*.

Zum dritten Schauplatz wechselte man ebenso wie zum zweiten. Die Männer nahmen Henoch an die Hand und sie gingen zu Fuß ein Stockwerk höher. Auf derselben Ebene durfte Henoch eine weitere Stätte besichtigen. Es ging also nicht erneut in die Höhe. Deshalb war es auch kein neuer Himmel. Die Männer führten ihn zu Fuß lediglich einen Ort weiter, eben in die so genannte *nördliche Gegend*.

Der vierte Standpunkt lag wiederum ein Geschoss höher. Mit Henoch an der Hand ging man in bewährter Art zu Fuß. Auf dieser Etage nahmen sie zwei Ortswechsel vor. Einmal ging es *in den Osten* und ein anderes Mal *in den Westen des Himmels*. Hier erfahren wir aber eine feine Unterscheidung. Im dritten Himmel *führten* die Männer Henoch in die nördliche Gegend. „Führen" bedeutet „an die Hand nehmen". Im vierten Himmel vollzog Henoch die Ortswechsel, indem die Männer ihn *trugen*. Wenn ich von Ort zu Ort getragen werde, dann ist das eindeutig eine andere Art der Fortbewegung, als wenn ich geführt werde. Wurde Henoch von einem Gefährt getragen? Vielleicht war ihm das fahrende Rad noch nicht bekannt, denn erste Funde von Karren, Wagen oder Wagendarstellungen gibt es erst aus der Mitte des 4. Jahrtausends vor Christus, unter anderem aus Mesopotamien. Aber dann hätte er die Besonderheit des Fahrerlebnisses mehr herausgestellt. Was bedeutet „tragen"? Wenn ich etwas trage, dann nehme ich es hoch. Lesen Sie nochmals den zweiten Aufzählpunkt zum vierten

Himmel und es wird deutlich, dass man Henoch *hinauf*trug. Natürlich trugen die Männer Henoch nicht unmittelbar, also auf ihren Armen. Wenn sie jedoch innerhalb der vierten Stätte einen Standpunktwechsel per Lift vornahmen, dann wurden die Männer zu Liftboys und in dieser Eigenschaft fühlte sich Henoch von ihnen zu Recht in die Höhe getragen. Frage: Warum waren es dann keine neuen Himmel? Antwort: Henoch konnte den Ortswechsel mittels Lift nicht einordnen. Oder aber: Es waren keine grundlegenden Schauplatzwechsel in der Sache an sich. Zur Beschreibung der „Himmel" kommen wir noch.

So war die Vorstellung des fünften Himmels sehr wohl mit einem grundlegenden Schauplatzwechsel verbunden, denn dorthin führten die Männer Henoch *auf ihren Flügeln*. Das ist eindeutig. Der fünfte Himmel war ein weiteres Schiff.

Vermutlich war es ein größeres. Die Etagenwechsel zum sechsten und zum siebenten geschahen nur noch mittels Lift. Das Hinauftragen unterstreicht Henoch mit der Gefühlsbeschreibung, dass die Männer ihn *erhoben*. Eine bessere Beschreibung hätte Henoch nicht finden können.

Wie Henoch die vierte Etage (oder auch das dritte Stockwerk = 8. Himmel) im zweiten Schiff erreichte, ist für mich rätselhaft. Vielleicht hatte man etwas Theatralisches inszeniert, weil Gabriel Henoch immerhin *vor das Angesicht* des Herrn verbrachte.

Die Indoktrination als Prävention

Ich erwähnte es bereits: Henochs Funktion war die des Diplomaten, also eines Multiplikators mit einem besonderen Status, der die Interessen Gottes von Mensch zu Mensch vertreten sollte. Gott sah eine von ihm selbst gesteuerte Gesellschaft vor, die, nach seinem Konzept und ausschließlich seinen Interessen und seiner Machterhaltung dienend, nur ein auf ihn ausgerichtetes und geschlossenes weltanschauliches System verinnerlicht.

Die Riesen hatten einen kleinen Kriegsschauplatz entfacht, indem sie eine Parallelgesellschaft entgegen Gottes Pläne schufen. Das von den Riesen vermittelte Wissen war ein Entwicklungssprung, mit dem man Gottes Bildungsplan davonlaufen konnte. Es galt, die Spreu vom Weizen zu trennen. Die Spreu waren die von den Riesen im Geiste infizierten Familienmitglieder und deren Nachkommen. Der Weizen waren die „unberührten" Menschen, die gar nicht oder nur vom Hörensagen von den „gefallenen Engeln" wussten. Diese sollte Henoch nochmals gehörig auf Linie trimmen, damit es ihnen nicht erging wie der gottlosen neuen Kultur. Den Letztgenannten ließ der ach so liebe Gott keine Chance zur Buße. Ein rachsüchtiger Mafiosi würde nicht anders handeln, wenn er eine zum Feind gewordene Familie auslöscht, so dass sie

„… keinen Frieden noch Vergebung finden. So oft sie sich über ihre Kinder freuen, werden sie die Ermordung ihrer geliebten [Söhne] sehen und über den Untergang ihrer Kinder seufzen; sie werden immerdar bitten, aber weder Barmherzigkeit noch Frieden erlangen."

Seien Sie zu Recht entsetzt! Der Text ist kursiv geschrieben. Sie wissen, was das bedeutet. Das sind Anweisungen aus dem „Himmel"! Menschen, die sich über ihre Kinder freuen, sollen der Ermordung ihrer Lieben zusehen!

Was lernte Henoch in der „Diplomatenschule"? Zum **ersten Himmel** erfuhren wir bereits den nüchternen Fakt des Reisens und Navigierens zwischen den Sternen und Planeten. Der Schöpfer versäumte es natürlich nicht, seinen Daumen auch den unvermeidlichen Naturgewalten aufzudrücken. Die *Männer* ließen Henoch schauen, wie *Gott* „… *die schrecklichen Vorratsspeicher des Schnees und des Hagels und … die Vorratsspeicher der Wolken beherrscht"*.

So verlernt niemand das Beten und Opfern. Und wenn eine Laune der Natur doch mal übel zuschlägt, dann hat man sicherlich nicht genug gebetet und gebeichtet oder irgendjemand beging eine Sünde, für deren Sühne eine Kollektivstrafe angesagt war.

Die Riesen hatten ihre Strafe schon kassiert. Diese saßen bereits in der Brig. Science-Fiction-Fans kennen die „Brig" vom Raumschiff „Battlestar Galactica". Umgangssprachlich wäre das der Bau oder der Bunker, eben das Gefängnis. Im **zweiten Himmel** lernte Henoch genau dort die „gefallenen Engel" kennen; die abtrünnige Riesenmannschaft aus den Zeiten seines Vaters, Jared. Ganz sicher war die Infanterie nicht zum Liebesentzug auf das Raumschiff zurückgeholt worden. Henochs Führer, die „Männer", bezeichneten sie als

„… vom Herrn Abgefallene, die nicht der Anordnung des Herrn gehorcht haben, sondern ihren eigenen Willen getan haben und abfielen mit ihrem Fürsten und mit denen, die im fünften Himmel verwahrt sind".

Auch hier erkennen wir die zweigeteilten Schauplätze der beiden Raumschiffe. Die Himmel fünf bis zehn waren die Wirkstätten im zweiten Raumschiff, nahe dem „Herrn". Man hatte die Mannschaft von den Offizieren und deren Vertretern getrennt. Warum lebten die Riesen noch? Mit den Nachfahren der Riesen unter den Menschen hatte Gott doch auch nur Ultimatives im Sinn. Betrachten Sie es einmal mehr als ein Indiz für Gottes wahre Interessen und Schwerpunktsetzungen. Die „infizierten" Menschen waren eine Gefahr für das relativ frisch angelaufene Programm, also für die Besiedlung unseres Planeten zu Gottes Diensten (den Gottesdienst vollziehen wir heute noch). Die riesenhafte Bodentruppe war ein wertvolles Einsatzmittel. Das wirft man nicht einfach über Bord. Vielleicht ließ man bei dem einen oder anderen Offizier *(Fürst)* den Kopf rollen. Spätestens das wird den Rest der Mannschaft zur Räson gebracht haben. Eine berechtigte Frage wäre noch, ob der Kommandant „Gott" alle Abtrünnigen in Haft nehmen konnte. Wenn die Riesen schlau waren, und das waren sie sicherlich, dann ließen sie sich auf der Erde weit verstreut nieder. Nur so konnten sie sich der Zornesrute ihres Chefs entziehen. Wie dem auch sei, die Verbreitung der Riesen wird neben der Aussage in 1. Mose 6,4 durch Artefakte, körperliche Überreste und durch viele Quellenangaben verschiedener Völker (dazu später mehr) bestätigt.

Der **dritte Himmel** war das Gegenteil von der Brig. So etwas konnte nur Gott besitzen. Es war das Paradies und somit ein weiterer Beweis für den Schöpfer des Universums. Wer sonst konnte außerhalb der Erde einen Ort schaffen

„… von unbeschreiblicher Schönheit. Und ich sah alle Bäume mit schönen Blüten, und ihre Früchte waren reif und wohlriechend. Und alle Nahrung wird hervorgebracht und fließt über mit wohlriechendem Duft. Und in der Mitte [befindet sich] der Baum des Lebens an diesem Ort, an dem der Herr ruhte, wenn er hinaufgeht in das Paradies. Und dieser Baum ist von unaussprechlicher Schönheit und [unaussprechlichem] Wohlgeruch und schöner als alle Geschöpfe, die es gibt. Und von allen Seiten ist er goldfarben und von purpurnem Aussehen und feurig, und er bedeckt das ganze Paradies. Er hat von allen gepflanzten Bäumen und allen Früchten. Er hat seine Wurzel im Paradies am Ausgang der Erde. Das Paradies aber ist zwischen Vergänglichkeit und Unvergänglichkeit. Und Quellen entspringen, die eine bringt Honig und Milch hervor, [die andere] Öl und Wein. Und sie teilen sich in Teile. Und sie laufen um mit stillem Lauf und gehen hinaus in das Paradies Eden zwischen Vergänglichkeit und Unvergänglichkeit. Und von dort gehen sie hervor, und sie teilen sich in 40 Teile, und sie gehen auf der Erde einzeln hervor, [und] sie vollziehen ihren Kreislauf wie die anderen Elemente der Luft. Und es gibt dort keinen unfruchtbaren Baum. Und jeder Baum ist fruchtbar, und der ganze Ort ist gesegnet …"

Henoch beschreibt uns eine Welt, die auf der Erde als „Biosphäre 2" bekannt ist. Anfang der 90er Jahre wurde in der Wüste Arizonas ein 13.000 Quadratmeter großes Treibhaus mit einem Volumen von 204.000 Kubikmeter geschaffen, in dem 3800 Pflanzen- und Tierarten eine ausgewogene Atmosphäre schaffen sollten. Die gewonnenen Erkenntnisse waren auch für die NASA von Interesse. In den ersten drei Jahren nach ihrer Fertigstellung war Biosphäre 2 eine von Menschen bewohnte Biosphäre. Die erste Gruppe mit acht Teilnehmern lebte von 1991 bis 1993 in ihr. Eine zweite Gruppe schaffte es sechs Monate. Danach scheiterte das Projekt. Allerdings nicht an einer grundsätzlichen Unmöglichkeit. Es waren Probleme, die sich trotz aller Isolationsbemühungen aus dem Kontakt mit unserer Umwelt ergaben.[32] Mit diesen Widrigkeiten hatte das von Henoch besuchte Raumschiff nicht zu kämpfen.

Versetzen Sie sich in die Lage Gottes. Der Multiplikator Henoch nimmt tief beeindruckt einen visuellen Prospekt vom Paradies hoch oben im Himmel mit nach Hause. Was servieren Sie nach dem Zuckerbrot? Richtig, die Peitsche. Damit kein Mensch den Respekt vor Gott verliert, zeigten sie Henoch **in der nördlichen Gegend**

„… einen überaus furchtbaren Ort. Es gibt an diesem Ort jede Marter der Folterung, grausame Finsternis und lichtlosen Nebel, und es gibt dort kein Licht. Und dunkles Feuer entbrennt fortwährend. Und ein feuriger Fluß kommt herab auf diesen ganzen Ort. Auf der einen Seite ist Feuer, aber auf der anderen Seite ist kaltes Eis, es brennt und friert. Und [es gibt] überaus grausame Kerker, und peinigende und unbarmherzige Engel, die scharfe Waffen tragen und unbarmherzig martern …"

Henochs Schrecken steigerte sich, als die Männer ihm die Eintrittskarte für die Hölle formulierten:

„Dieser Ort ist denen bereitet, die Gott verunehren; die Böses tun auf Erden … die ihren Schöpfer nicht erkannten, sondern Seelenlose und nichtige Göttern anbeteten, die weder sehen noch hören können; die geschnitzte Bildnisse konstruierten und schändliches Händewerk anbeteten …"

Eine Wiederholung der Ereignisse? Die gleiche Nummer zog das Unternehmen Gott auch zu unserer Zeit, und zwar Anfang des

20. Jahrhunderts, ab. Es geschah in Fatima und die Geschehnisse in Fatima sind absolut glaubhaft. Die Argumentation hierzu lieferte ich in meinem ersten Buch. Den drei Seherkindern wurde in einer 3-D-Show ebenfalls das Trugbild der Hölle vorgespielt, *„… wohin die Seelen der armen Sünder kommen"*[33]. Und dabei bleibt es nicht. An gegebener Stelle werden wir auf eine weitere Ereignisparallele „Henoch – Fatima" stoßen. Das sind Indizien für das durchgängige Wirken des Unternehmens Gott.

Im **vierten Himmel** erhält Henoch ungewöhnlich exakte Angaben zur Sonne, zum Mond und über die Schalttage. Wer die entsprechenden Passagen in 1. Henoch und 2. Henoch liest, ist zunächst verwundert. War ein Sinneswandel bei dem von mir propagierten Unternehmen Gott eingetreten? Gab es doch eine ehrliche Wissensvermittlung seitens Gottes? Liest man jedoch genauer, dann erkennen wir die eigentliche Unternehmensphilosophie:

Gib ein wenig von dem preis, was die Menschen sich ohnehin zukünftig als allgemeingültiges Wissen erarbeiten werden, und meißele in ihren Hirnen ein, dass jeder zukünftige Gedanke daran mit mir, dem Schöpfer und Verwalter aller Gestirne, in Verbindung zu bringen ist.

Stellen Sie sich ein Theaterspiel für kleine Schulkinder vor, in dem die Echtdaten zur Sonne und zum Mond vermittelt werden sollen. Man hat einen Darsteller für die Sonne und einen Akteur für den Mond. Rechts der Bühne ist Westen, links Osten, hinter dem Vorhang Norden und die Zuschauer sitzen im Süden.

Womöglich erging es dem unbedarften Henoch im Weltraum nicht anders. Die Regie führte der vorgebliche Schöpfer und die „Männer" führten ihn durch das Programm. Einer der Männer wird uns von Henoch als der „heilige Engel" Uriel vorgestellt. Er offenbarte Henoch

„… das Buch vom Umlaufe der Himmelslichter, wie es sich mit einem jeden verhält, nach ihren Klassen, ihrer Herrschaft und Zeit, nach ihren Namen, Ursprungsorten und Monaten …"

So schrieb Henoch für die Menschen auf, dass

- die Sonne ein *großes Geschöpf* sei. *„Ihr Umlauf [dauert] bis 28 Jahre, und [dann] beginnt sie wieder von vorne."*
- das *[Jahr] der Sonne 365 Tage hat und das Viertel eines Tages.*
- der Kreis *des Mondes sieben Berechnungen hat; er hat einen Umlauf von 19 Jahren, und [dann] beginnt er wieder von vorne.*
- das *Jahr des Mondes 354 Tage hat, die Monate ergeben, gerechnet zu 29 Tagen, die 11 Tage des Sonnenkreises entbehren.*

Die Umlaufzeiten von Sonne und Mond sind nicht unbedingt ein Bestandteil des Allgemeinwissens. Mancher mag sich wundern, wie unser Fixstern eine Umlaufzeit zustande bringen soll. Tatsächlich beträgt der Sonnenzyklus 28 Jahre. Das ist die Zahl der Jahre, nach denen sich das Zusammenfallen von Kalenderdatum und Wochentag vollständig wiederholt. Fromme Juden sprechen alle 28 Jahre den Segensspruch über die Sonne, wenn diese laut dem hebräischen Kalender genau zu jener Position zurückkehrt, in der sie am vierten Tag der Schöpfung geschaffen wurde. [34]

Das Mondjahr ist 354 Tage, 8 Stunden, 48 Minuten, 33,16 Sekunden lang. Nach 19 Jahren fallen die einzelnen Mondphasen wieder auf die gleichen Kalenderdaten. [35]

Henoch wurden die Fakten keineswegs als vollendete Tatsachen mitgeteilt. Ich zitiere nur einen kleinen Auszug aus seinen Notizen:

„… In jenen Tagen hat die Sonne, wenn man 5 Jahre addiert, einen Überschuß von 30 Tagen. Sämtliche Tage, die einem von den 5 vollen Jahren zukommen, betragen 364 Tage. Der Überschuß der Sonne und der Sterne

beträgt 6 Tage; bei 5 Jahren jedes zu beträgt er 30 Tage; der Mond bleibt hinter der Sonne und den Sternen 30 Tage zurück. Der Mond läßt die Jahre alle genau hervorgehen, so daß ihre Stellung ewig nicht vorangeht oder zurückbleibt [auch nur] einen Tag, sondern [die Monde] vollziehen den Jahreswechsel richtig genau in je 364 Tagen. In 3 Jahren sind es 1092 Tage und in 5 Jahren 1820 Tage, so daß es für 8 Jahre 2912 Tage sind. Dem Mond allein kommen für 3 Jahre 1062 Tage zu, und in 5 Jahren bleibt er um 50 Tage zurück, zu der Summe nämlich, davon [d. i. von 5 Jahren] werden hinzuaddiert [1000 u.] 62 Tage. In 5 Jahren sind es 1770 Tage, so daß die Tage von 8 Mondjahren 2832 Tage betragen. Denn sein Zurückbleiben in 8 Jahren beträgt 80 Tage und alle Tage, die er in 8 Jahren zurückbleibt, sind 80 Tage …"

Wenden wir uns dem denkbaren Theaterstück zu, also der möglichen Inszenierung, mit der die Gottesmannschaft die geltende Himmelsmechanik in einer ehrfurchtsvollen Mischung aus Echtdaten und Schauspiel auf den vorgeblichen Schöpfer und Verwalter allen Seins umgelenkt haben könnte. Denn seltsam, Henoch sah die Sonne und den Mond vor ihren Himmelsgängen in verschlossenen Behältern,

„…, aus denen die Winde verteilt werden, den Behälter des Hagels und den Behälter des Nebels, und dessen [des Nebels] Wolke lagert über der Erde seit Ewigkeit. Ich sah die Behälter der Sonne und des Mondes, von wo sie ausgehen und wohin sie zurückkehren …"

Henoch nennt die „Behälter" an anderer Stelle auch „Vorratsspeicher". Würde er ausschließlich von der allgemeinen Wetterlage sprechen, also von Regen, Hagel, Schnee und Wind, so könnte man interpretieren, er habe aus der Satellitenperspektive mit dem Wortschatz seiner Lebenserfahrung die Wolkendecke beschrieben. Lassen wir aber nicht das Bestreben des galaktischen Führers außer Acht, seinen weltanschaulichen Alleinvertretungsanspruch zu postulieren. Er suggeriert den Menschen ihre Auserwähltheit von seiner Gnade. Nur er lässt den Menschen leben, indem er die „Behälter" mit dem lebensnotwendigen

Wasser öffnet. Nur er bewegt alles im Universum. Da steht nicht einmal die Sonne still. Es stimmt nachdenklich, wenn auch die Sonne aus den Wetterbehältern ein und aus spaziert.

Waren die „Behälter" größere Raumschiffe, aus denen heraus zwei Flugobjekte als Sonne und Mond vorgestellt wurden? Waren die „Sonne" und der „Mond" nur ein „Jack in the Box"?

Wenn die „Sonne" und der „Mond" ihre „Auf- und Untergänge" in größeren Raumschiffen hatten, dann müsste eine erhebliche Diskrepanz zwischen den sachlichen Realdaten und dem von Henoch Beobachteten feststellbar sein. Zum Beispiel hätten die „Sonne" und der „Mond" in dem Fall kein gigantisches Größenverhältnis zueinander. Auch müssten die „Behälter" mit Schleusen ausgestattet sein. Zudem wäre der kuriose Umstand zu beobachten, dass die „Sonne" fliegt.

Lesen wir, was Henoch dazu mitteilt. Ich habe drei Aussagen Sinn gebend zusammengestellt, ohne den Kontext zu verfälschen:

Aussage 1
Das Licht der Sonne *„ist 7-mal heller als das des Mondes; was aber ihre Größe betrifft, so sind beide gleich".* Anmerkung: An anderer Stelle heißt es zum Mond: *„... und wenn sein Licht gleichmäßig [verteilt] ist, beträgt sein Licht den 7. Teil vom Lichte der Sonne."*

Aussage 2
Man zeigte Henoch *„... die Tore, aus denen die Sonne hervorkommt, gemäß den festgesetzten Zeiten und gemäß den Umläufen des Mondes des ganzen Jahres und gemäß der Zahl des Stundenmaßes [von] Tag und Nacht. Und ich sah sechs große offene Tore, und jedes Tor hatte 61 Stadien und das Viertel einer Stadie. Ich maß genau aus, und so groß stellte ich ihre Größe fest. Durch sie kommt die Sonne nun heraus und geht nach Westen ... Ich sah 6 Tore, aus denen die Sonne aufgeht, und 6 Tore, in denen die Sonne unter-*

geht; auch der Mond geht durch jene Tore auf und unter, ebenso *die Führer der Sterne samt denen, die sie führen … und viele Fenster [befinden sich] rechts und links von jenen Toren … zwölf Fensteröffnungen, aus denen eine Feuerflamme hervorgeht, wenn sie zu ihrer Zeit geöffnet werden.*"

Aussage 3
Man zeigte Henoch „*… alle Gänge und Übergänge … der Sonne und des Mondes … Ihr Kreis und ihr Wagen, auf dem nun jedes von ihnen fährt, gehen wie der Wind mit wunderbarer Schnelligkeit … es sind fliegende Geister in Gestalt zweier Vögel. Der eine ist wie ein Phönix, der andere wie ein Chalkedrios … Ihre Größe ist 900 Maß, ihre Flügel sind die der Engel, aber jeder von ihnen hat zwölf Flügel, die den Sonnenwagen ziehen, wobei sie Tau und Hitze ertragen. Und wie es der Herr befiehlt, so kehren sie um.*"

Zu Aussage 1
Von der Erde aus betrachtet sind Sonne und Mond scheinbar gleich groß. Dieses Größenverhältnis konnte Henoch nicht gemeint haben, denn das wäre nichts Neues. Henoch befand sich unbestreitbar außerhalb der Erdatmosphäre. Ihm ging es darum, seine Erfahrungen aus dem Himmel, aus Gottes Nähe, mitzuteilen und nicht das niederzuschreiben, was jeder vom Erdboden aus sieht. Henoch erfuhr mit seinen Beobachtungen im Weltraum offenbar eine Bestätigung der irdischen Beobachtungen zum Größenverhältnis Sonne–Mond: „*… was aber ihre Größe betrifft, so sind beide gleich.*" Das bedarf keiner weiteren Erläuterungen. Unsere wahren Himmelskörper wurden ihm definitiv nicht vorgestellt. Das ist ein Indiz für das inszenierte Sternentheater.

Ich habe in Aussage 1 eine verwirrende Mitteilung einfließen lassen. Demnach sei das Licht der Sonne „*7-mal heller als das des Mondes*". Natürlich ist das Sonnenlicht Zigtausende Mal heller. Nun könnte man dem Gedanken verfallen, die Aussage sei ein Produkt der fingierten Himmelsmechanik. Das ist nicht der Fall. Henoch drückte damit einen natürlichen Vorgang aus. Er sprach den Prozess vom Neumond zum Vollmond in 1/7-Schritten an. Wenn der Vollmond erreicht ist *(wenn sein Licht gleichmäßig verteilt ist)*, dann *beträgt sein Licht den 7. Teil* (also 7/7) *vom Lichte der* (scheinbar gleich großen) *Sonne.*

Zu Aussage 2

Wir haben zwei „Behälter" für die Sonne und den Mond mit jeweils sechs Toren. Das bedeutet einen Darsteller im Osten für den Aufgang und einen Mimen im Westen für den Untergang. Eine Geländetaufe im prinzipiell richtungslosen Weltraum sorgte für die Orientierung. Die Stätte der Aufgänge war *„die vorderste"* und *„heißt die östliche … der Westen heißt die Abnahmegegend, weil dort alle Himmelslichter untergehen"*. Der Süden war dem Höchsten vorbehalten, weil er *„dort herabsteigt"*. Der Norden war *„die Wohnung für die Menschen"*. Henoch siedelt dort die Biosphäre an, *„den Garten der Gerechtigkeit"*.

Henoch beziffert jedes Tor mit der enormen Größe von 61 ¼ Stadien. Ein Stadion ist ein altes Längenmaß. Es kommt mehrfach in der Bibel vor (vergleiche Lukas 24,13, Johannes 6,19 und 11,18 oder Offenbarung 14,20 und 21,16). Ein Stadion beträgt ca. 185 m. [36] Wenn die Höhe gleich der Länge ist, dann sprechen wir über Tore von gut 11 km Breite und Höhe. Links und rechts der gewaltigen Toröffnungen zählte Henoch *„zwölf Fensteröffnungen, aus denen eine Feuerflamme hervorgeht, wenn sie zu ihrer Zeit geöffnet werden"*. Ist *„ihre Zeit"* gekommen, wenn die Triebwerke gezündet werden? Die Annahme von Triebwerks- und Schleusenöffnungen liegt nahe.

Zu Aussage 3

So wie ein Raumschiff die Schleuse eines Mutterschiffes verlässt, so beobachtete Henoch die Fortbewegung der „Sonne" mit eigener Kraft. Wie ein *fliegender Geist* zieht sie – ebenso wie der „Mond" – ihren Kreis mit ihrem eigenen *Wagen*. Weiterhin erfahren wir, dass beide vorgetäuschten Himmelskörper jeweils zwölf Flügel haben, die *„Tau und Hitze ertragen"* und *„ihre Größe ist neunhundert Maß"*.

Es wird Sie erstaunen: Henoch ist mit dieser Beobachtung kein Einzelfall. In meinem ersten Buch berichtete ich über *„Die griechische Baruch-Apokalypse"*. [37] Baruch konnte nicht verstehen, weshalb Gott Jerusalem zerstören ließ und ausgerechnet sein auserwähltes Volk den Heiden und ihrem Spott aussetzte. Angeblich wurde er in seiner Verzweiflung erhört und ein Engel gab ihm zu verstehen, dass er sich um Gottes Plan und die Errettung Jerusalems nicht den Kopf zerbrechen solle. Ihm wurde ein Ausflug in das Reich Gottes angeboten, um ihm bewusst zu machen, dass sein Verstand nicht ausreichte, um sich in die höhere Politik Gottes einzumischen. Die Niederschrift über die Himmelsreise Baruchs in der Originalsprache Griechisch stammt angeblich aus dem 1. bis 3. Jahrhundert nach Christus.

Demnach wurde Baruch bis zu dem Punkt gebracht, *„wo der Himmel befestigt ist"*. Bezeichnenderweise könne auch der *„fernste Windhauch"* nicht die Grenze überschreiten. Bereits hier stellt sich die Frage, wie die Tatsache bekannt sein konnte, dass außerhalb unserer Atmosphäre kein Wind weht. Eindeutig im Weltall sah Baruch einen *„… Vogel … wie neun Berge"* groß. Das Objekt erregte seine Aufmerksamkeit und der Engel erklärte ihm, es handele sich um den „Wächter des Erdkreises". Der Vogel stehe in einem Zusammenhang mit der Sonne, indem er seine Flügel ausbreite und damit die feuerähnlichen Strahlen auffange. Der Wächter sei von Gott angestellt und erfülle eine Funktion im Zusammenhang mit dem Menschengeschlecht.

Die Assoziation mit den Sonnensegeln eines Objektes im Weltraum wird mit der folgenden Beobachtung Baruchs fortgeführt:

„Und er breitete seine Flügel aus, und ich sah auf seinem rechten Flügel gewaltig große Buchstaben, [so groß,] wie eine Tenne Platz einnimmt … und es waren goldene Buchstaben …"

Auf die Frage nach dem Namen des „Vogels" erhielt Baruch die Antwort, dass dieser „Phönix" heiße.

Bei Baruch betrug die Größe „neun Berge". Henoch drückte sich ebenso wenig aussagekräftig aus. Eine gewisse Parallele zwischen 900 Maß und „neun Berge" darf aber erkannt werden.

Bei Baruch war das Objekt mit Flügeln ausgestattet, die die Sonnenstrahlen auffangen. Das hört sich nach uns bekannter Energiegewinnung an. Die großen Buchstaben komplettieren die gedankliche Verknüpfung mit modernen Sonnensegeln; große Buchstaben auf Raumflugkörpern sind uns wohl bekannt. Henoch spricht den Zweck der Energiegewinnung aus: *„Flügel, die den Sonnenwagen ziehen."*

Zur Baruch-Apokalypse fällt auf, dass der „Phönix" getrennt von der Sonne zu sehen ist, weil dessen Flügel die Strahlen der Sonne auffangen. Vielleicht heiligte der Zweck die Mittel. Was vorsintflutlich ein Objekt des Sternentheaters zur Festigung des Schöpfungsmärchens war, das war circa 800 Jahre vor Christus der „Wächter des Erdkreises", der für Gott ein Auge auf die Erde warf.

Ergebnis
Wenn Henoch die Kugelgestalt des Mondes und seine markante Oberfläche gesehen hätte, dann wäre es ihm ein Wort wert gewesen. Wenn man ihm die außergewöhnlichen Daten zur Sonne mitgeteilt hätte, dann wäre sie kein wandernder Wagen mit Flügeln von überschaubarem Ausmaß. Die detaillierten Informationen zum Kosmos waren eine Unterrichtung zum Selbstzweck. Man führte Henoch einen Sonnentanz vor, wie uns noch im 20. Jahrhundert! Vielen von Ihnen dürfte das so genannte Sonnenwunder von Fatima ein Begriff sein. Gut 50.000 Menschen waren als Zeugen zugegen. Unser galaktischer Führer kann es nun mal nicht lassen. Er hat seinen Spaß daran.

Im **fünften Himmel** durfte ein Mensch zur Abwechselung ein Auge auf Gott werfen. Der Kommandant persönlich hatte Henoch berufen und er wollte ihn sprechen. Wir haben bereits festgestellt, dass der Ruf des Fürsten mit einem zweiten fliegenden Ortswechsel verbunden war. Die Kommandobrücke befand sich auf einem anderen Schiff. Für Henoch war es *„der Himmel im Himmel"*. Er sah dort *„… einen Bau aus Kristallsteinen und zwischen jenen Steinen Zungen lebendigen Feuers …"*. Henoch war überwältigt. In vielen Prophetenbüchern finden wir den Umstand, dass hochtechnologische Objekte und Begebenheiten mit dem Erfahrungsschatz der damaligen allgemeinen Lebenserfahrung umschrieben werden. Der Prophet Ezechiel ist dafür ein Paradebeispiel. Henoch verfuhr nicht anders. Denken wir nur an die Beschreibung des Shuttles, mit dem er „auf die Wolken" gestellt wurde. Die Ausgestaltung des Kommandantenhimmels ließ Henoch jedoch passen. Ich tue es ihm gleich und lasse meiner Phantasie nicht unbegründet freien Lauf.

Weniger phantastisch ging es im Gespräch mit Gott zu. Der Herr gab sich geradezu kumpelhaft, als er Henoch im zehnten Himmel zu einem lockeren Gespräch an seine Seite berief: *„Henoch, setze dich zu meiner Linken mit Gabriel!"* Aber nicht nur der Kommandant holte Henoch auf den Boden der Tatsachen zurück. Auf dem Weg vom **sechsten bis zum zehnten Himmel** wurde Henoch seine Berufung bewusst und er bemühte sich um sachliche Schilderungen.

So sieht Henoch Cherubim als *„Sechsflügelige"*. Das ist interessant, denn schon wieder ist Henoch kein Einzelfall mit seiner Beobachtung. Ein Cherub ist ein Engel. Sowohl in der Bibel als auch außerhalb der kanonischen Schriften werden verschiedene Arten von Engeln erwähnt. Dabei lassen sie sich in objektartige Kräfte und in personifizierte Verkünder unterscheiden. Die Erstgenannten sind die Seraphim und Cherubim. Die personenbezogenen Engel sind die Erzengel. Vorrangig sind hier Gabriel, Michael und Raphael zu nennen. Gabriel soll der Vorsteher der Cherubim und Seraphim sein. Zu Baruchs Zeiten berichtet uns der Prophet Jesaja etwas detaillierter von sechsflügeligen Seraphim: *„Seraphim standen über ihm; ein jeder von ihnen hatte sechs Flügel: mit zweien bedeckte er sein Angesicht, und mit zweien bedeckte er seine Füße, und mit zweien flog er."* (Jesaja 6,1 f.) Damit nicht genug. Abraham bestätigt

Henoch und Jesaja, wenn uns die Abraham-Apokalypse wissen lässt, dass der so genannte Stammvater sogar vier Flugobjekte erkannte. Ein jedes hatte *„sechs Flügel an Schultern, Seiten und Lenden"* und auch Abraham erkannte in Übereinstimmung mit Jesaja eine Funktion der Mittelflügel, die sich beim Vorwärtsfliegen ausbreiteten. [38]

Eine weitere Seltsamkeit lebt mit Henochs Berichten auf. Die Parallele erstreckt sich in diesem Fall bis zum Propheten Ezechiel. Wenn dieses Buch Ihre erste Lektüre dieser Art ist, dann nehmen Sie an dieser Stelle bitte einfach nur zur Kenntnis, dass Ezechiel sich mutig und neugierig zugleich auf die Begegnung mit einem metallenen Fluggerät einließ. Sachlich schilderte er, wie sich „der Himmel auftat". Mit dem Wortschatz aus der Lebenserfahrung eines Menschen vor 2500 Jahren war er erfolgreich (!) bemüht, die Funktionsteile des Fluggerätes zu beschreiben. Für mich hinterlässt Ezechiel nur wenige Fragen, so aber zu den „Augen" des Fluggerätes, die den ganzen *„Leib und ihren Rücken und ihre Hände und ihre Flügel und die Räder"* ringsum bedeckten. (Ez. 10,12)

Henoch erwähnt neben den *Sechsflügeligen* auch *„Vieläugige"*, zusammen mit Cherubim und Seraphim rund um den *„Thron"* des Herrn. In dem Zusammenhang sah er auch die *„feurigen Heerscharen der großen Erzengel"* und er hörte *„ihren vielstimmigen Chor und ihre nicht schweigenden Gesänge"*. Der Maschinenlärm wird uns mit dieser Umschreibung förmlich aufgedrängt. Gabriel galt als Vorsteher der Cherubim und Seraphim, eben als Kapitän der Fliegerstaffel. Somit hatte er im wahrsten Sinne des Wortes *„feurige Heerscharen"* unter seinen Fittichen. Das Wort „Heer" unterstreicht hier nur den machthungrigen Charakter des „lieben Gottes". Also bringt Henoch – wie Ezechiel auch – die „Vieläugigen" in Zusammenhang mit Flugobjekten. Das kann kein Zufall sein. Mir ist bis heute keine Interpretation in den Sinn gekommen, was sich hinter den „vielen Augen" rund um die Flugobjekte verbirgt. Gleichwohl wird Henochs Authentizität erneut gestärkt. In diesem Fall durch die parallele Sachbeschreibung im absolut glaubwürdigen Gedächtnisprotokoll des Ezechiel.

Zwei letzte Ereignisse im Flaggschiff des Herrn sprechen für eine Realityshow:

Ich erwähnte bereits die Normalität in der direkten Kommunikation zwischen Gott und Henoch. Er sprach sachlich und nüchtern von Mann zu Mann. Keine Spur von der biblischen Stimme-aus-den-Wolken-Nummer und ähnlichen Kunstgriffen. Gleichwohl hatte Gott vor der Unterhaltung eine kleine Hürde gesetzt. Das Kommandantenschiff als Kern einer Raumschiffarmada darf man erfahrungsgemäß als einen sensiblen Sicherheitsbereich betrachten. Denken wir dabei weniger an ein feindliches Eindringen als vielmehr an die Gesundheit der Besatzung. Ein Erdenbürger wie Henoch trug relativ schmutzige Kleidung. Die sterile Atmosphäre eines Raumschiffes soll durch unerwünschte Bakterien oder Viren ebenso wenig aus dem Gleichgewicht gebracht werden, wie der abgeschottete Operationssaal eines Klinikums. Es war Standard, wenn Henoch einen sauberen Anzug bekam und die Haut mit einer antibakteriellen Waschlotion säuberte. Und so erfahren wir von einer banalen Verfügung Gottes an Michael:

„Und der Herr redete zu Michael: ‚Tritt heran und entkleide Henoch der irdischen Gewänder und salbe ihn mit meinem guten Salböl, kleide ihn in die Gewande meiner Herrlichkeit.' Und Michael tat so wie der Herr zu ihm gesprochen hatte. Er salbte mich und kleidete mich und das Aussehen jenes Öles war mehr als großes Licht und sein Salböl war wie guter Tau und sein Wohlgeruch wie Myrrhe, und es war wie die glänzenden Strahlen der Sonne. Und ich betrachtete mich selbst und ich war wie einer von seinen Herrlichen und es gab keinen wahrnehmbaren Unterschied."

Beachten Sie den letzten Satz! Henoch beschreibt einen vollkommen gewöhnlichen Vorgang. Er bekam keinen Heiligenschein und ihm wuchsen auch keine Flügel. Er bekam weder eine Harfe noch eine Posaune aus der himmlischen Kleiderkammer. Er trug einfach nur den gleichen Arbeitsanzug wie alle anderen auch.

Sie fragen sich, warum die Sicherheitsmaßnahme erst ab dem „fünften Himmel" vorgenommen wurde ? Sie fragen zu Recht. Andererseits bedenken Sie die folgenden Fakten:

Nach Angaben der Deutschen Gesellschaft für Krankenhaushygiene werden allein in deutschen Krankenhäusern jedes Jahr bis zu eine Million Menschen mit gefährlichen Keimen infiziert. Nach übereinstimmenden Schätzungen von Fachmedizinern sterben in Deutschland jedes Jahr 10.000 bis 20.000 Menschen an bakteriellen Infektionen, die sie sich erst im Krankenhaus zugezogen haben. Viele Patienten erkranken erst nach der Operation, wenn das Klinikpersonal durch Nachlässigkeiten bei der Hygiene Keime von einem auf den anderen Patienten überträgt. So desinfizieren sich Ärzte und Pflegekräfte zum Beispiel häufig nicht die Hände, wenn sie von einem Patienten zum anderen gehen und Verbände austauschen, Katheter legen oder auch bloß zur Begrüßung die Hände schütteln. Der Staphylococcus aureus und vor allem seine mutierte Form, der Muliresistente Staphylococcus aureus, kurz MRSA, gelten hier als die gefährlichsten Keime. Jeder Dritte trägt den Staphylococcus beschwerdefrei in sich. Die Bakterien siedeln vor allem auf der Haut und den Schleimhäuten, besonders häufig ist die Nase betroffen. Die meisten Menschen merken nichts davon, dass sie zu den Keimträgern gehören.[39] Erst dann, wenn die Bakterien etwa über eine Hautverletzung in den Körper eindringen, verursachen sie eine Infektion. Gefährlich wird dies aber nur, wenn die Patienten eine große Wunde haben oder ihr Immunsystem geschwächt ist. Dann zerfrisst er das Fleisch und greift die Knochen an, so dass sie sich zersetzen. Trotzdem werden der Staphylococcus aureus und andere Keime immer wieder wegen mangelnder Hygienestandards in Krankenhäuser eingeschleppt.

Jeder versteht, was ich im Vergleich zu Henoch ausdrücken will. Die wirksame Hygiene im Klinikum beginnt erst auf dem direkten Weg zum Operationssaal. Dort findet man eher keine Infektionsquelle. Die Kommandobrücke eines Mutterraumschiffes ist der Operationssaal für galaktische Unternehmungen. So widersprüchlich es scheint, unser Alltagshandeln könnte eine weitere Bestätigung für die völlig normalen Ereignisse in den Schilderungen Henochs sein.

Ich sprach von zwei letzten Vorkommnissen für die Bestätigung der Realtyshow. Der letzte Vorfall hat unmittelbar mit Henochs Funktion zu tun. Er sollte auf der Erde verkünden, wie es um die von Gott geschaffene Ordnung im Himmel bestellt ist. In Henochs Fall stellte man die Praxis vor die Theorie. Die Sternenkunde zum Anfassen erfuhr eine theoretische Ergänzung durch Gott persönlich. Der liebe Onkel rief den frisch polierten Henoch mit dem Satz: *„Henoch, setze dich zu meiner Linken mit Gabriel!",* und Henoch hörte mit kugelrunden Augen die Schöpfungsgeschichte von A bis Z. Damit Henoch nichts vergaß und damit alle Erdenbürger die Gottesordnung jederzeit vor Augen haben, bekam er den Auftrag, alles niederzuschreiben. Zu diesem Zweck rief Gott seinen Bibliothekar namens Vrevoil und erteilte ihm die Weisung:

„Trage die Bücher aus meinen Schatzkammern heraus, und nimm ein Schreibrohr und gib [es] Henoch, und erkläre ihm die Bücher …"

Vrevoil erklärte Henoch den Inhalt aller Bücher, eben *„… alle Dinge des Himmels und der Erde und des Meeres und aller Elemente, ihre Übergänge und Gänge und den Donner ihrer Lebewesen und Sonne und Mond und die Sterne und ihre Gänge und Wechsel, und die Zeiten und Jahre, und Tag und Stunden, die Aufstiege der Wolken, die Ausgänge der Winde, die Zahl der Engel und die Lieder der bewaffneten Heerscharen, und alle Angelegenheiten der Menschen und Lieder aller Sprachen und die Leben der Menschen und Gebote und Belehrungen … und er redete. Ich aber ruhte nicht, während ich alle Merkmale aller Geschöpfe schrieb. Und als ich 30 Tag und 30 Nächte vollendet hatte, da redete Vrevoil zu mir: ,Siehe, so viel ich dir erzählt habe, und so viel du niedergeschrieben hast: Setze dich [und] schreibe nieder alle Seelen der Menschen, so viel auch [noch] nicht geboren sind, und ihre Ort, die vor dem Äon bereitet sind. Denn alle Seelen* *sind bereitet vor der Bildung der Erde.' Und ich saß zum zweiten Mal 30 Tag und 30 Nächte und schrieb alles zuverlässig, und ich schrieb 366 Bücher."*

Das Schreibrohr war ein beeindruckendes Gerät. Henoch bezeichnet es als das *„Schreibrohr der Schnellschreibung".* Das brauchte er auch. Hätte er alles per Keilschrift verewigen sollen, dann wäre er Steinmetz geworden und kein Diplomat. Nun gut, ich weiß, dass die Keilschrift mit einem Griffel in weichen Ton gedrückt wurde. Es gab in der Tat Schreibrohre in der Antike, nämlich ein Schilfrohr anstelle des genannten Griffels. Nur eines ist klar, Henoch schrieb Bücher und keine Keilschrifttafeln.

Wenn ein Spaßvogel vor 2000 Jahren die Henochschrift ersonnen hätte, wäre ihm dann so ein nüchternes Detail wie das so genannte Schreibrohr *der Schnellschreibung* eingefallen? Ich denke, er hätte die 366 Bücher als von Gott gegeben in den Raum gestellt oder er hätte Henoch 300 Tage und 300 Nächte mit dem Federkiel schreiben lassen. Ich mache mir an dieser Stelle nicht einmal die Mühe, grundsätzliche Daten zum Federkiel zu recherchieren. Vergessen wir Tontafel, Papyrus und Gänsekiel. Henoch verfasste ausdrücklich Bücher, und zwar für die Menschen auf der Erde und deren Nachfahren. Henochs Zeitgenossen und deren Nachkommen konnten nur mit handhabbaren Büchern arbeiten. Wenn Henoch Bücher verfasste, dann dürfte er ein relativ gewöhnliches Schreibgerät benutzt haben. Für Henoch war es ein Wunderwerk der Technik, weil es eben kein Schilfschreibrohr war, mit dem er zeitraubend Buchstaben in weichen Ton drücken musste. So wie er das Schreibrohr über die Seiten führte, so mussten die Buchstaben herausgeflossen sein. Das würde bereits genügen, um Henoch so in Erstaunen zu versetzen, dass er es als mitteilungswürdig erachtete. Wir müssen nicht immer hochtechnologisch denken. Henoch schrieb Bücher. Er füllte keine Festplatten mit Daten. So lächerlich es klingen mag, aber bereits ein gewöhnlicher Kugelschreiber wäre für Henoch ein erwähnenswertes Schreibrohr der Schnellschreibung gewesen.

Halt, halt! Natürlich habe ich nicht gesagt, dass Henoch mit einem Kugelschreiber Papierseiten füllte. Es geht nur um das Prinzip. Bücher aus Papier wären nicht tauglich für die Ewigkeit. Jede weitere Erläuterung erübrigt sich. Aber ganz sicher schrieb er auch nicht auf Palmblätter oder gegerbtes Ziegenfell. Er bekam Papier und Kugelschreiber der dritten Art. Wir wissen nicht, was sich dahinter verbirgt. In jedem Fall ist es eher unwahrscheinlich, dass sich ein Spaßvogel in der Antike ein solches Detail ausgedacht hat. Ich sehe darin ein weiteres Indiz für die Authentizität der Henochschriften.

Henoch erwies sich vor Gott als ein willfähriger Student. Es wurde Zeit für seine eigentliche Arbeit, die jedem neuzeitlichen fundamentalistischen US-amerikanischen Prediger zur Ehre reichen sollte. In den Reihen der Letztgenannten tritt so mancher förmlich als Gotteskrieger auf und sät erfolgreich Angst, indem er irrationale Furcht- und Schuldgefühle erzeugt. Henoch wurde mit einem persönlichen Schlusswort Gottes auf die gleiche Wellenlinie getrimmt. Interessant ist Henochs Erfahrung, wie er den letzten Schliff erhielt:

„Dies alles sagte der Herr zu mir, [so] wie ein Mann mit seinem Nächsten redet."

Ist das nicht aussagekräftig? Keine Visionen, keine Inspiration vom Heiligen Geist. Seien Sie ehrlich: Wäre die Henochschrift erfunden, hätte der Autor vor 2000 Jahren Gott so gewöhnlich dargestellt? In einem Gespräch von Mann zu Mann? Lesen wir Gottes Geleitwort für Henochs Mission auf der Erde. Gottes Schlussworte stehen für dessen Politik:

„Und nun, Henoch, was ich dir gesagt habe, und was du erkannt hast, und was du in den Himmeln gesehen hast, und was du auf Erde gesehen hast, und was du in Büchern niedergeschrieben hast, durch meine große Weisheit habe ich erdacht, dies alles zu schaffen. Und ich schuf vom höchsten Fundament bis zum niedrigsten und bis zum Ende. Und es gibt keinen

Berater noch Nachfolger für meine Schöpfung. Ich bin selbst-ewig und nicht mit Händen gemacht, ohne Änderung meines Sinnes. Meine Weisheit ist mein Berater, und mein Wort ist Tat, und meine Augen schauen auf alles. Wenn ich herabsehe auf alle, dann stehen sie und erzittern vor Furcht. Wenn ich aber mein Gesicht abwende, so wird dieses alles vernichtet. Setze deinen Verstand ein, Henoch, und erkenne den, der redet. Und nimm dir die Bücher, die du selbst geschrieben hast. Und ich gebe dir Samoil und Raguila, die dich zu mir heraufgeführt haben. Gehe hinab auf die Erde und berichte deinen Söhnen, soviel ich zu dir geredet habe, und soviel du gesehen hast vom unteren Himmel bis zu meinem Thron. Alle Heere habe ich geschaffen, und alle Kräfte, und es gibt keinen, der mir widersteht oder mir nicht gehorchte. Denn alle gehorchen meiner Alleinherrschaft und dienen meiner alleinigen Macht. Und gib ihnen die Bücher deiner Handschrift. Und sie werden [sie] lesen und mich als den Schöpfer aller Dinge erkennen. Und sie werden verstehen, dass kein anderer ist außer mir. Und sie sollen die Bücher deiner Handschrift weitergeben, die Kinder den Kindern, und Geschlecht dem Geschlecht, und Verwandte den Verwandten. Und ich gebe dir, Henoch, meinen Archistrategen Michael zum Vermittler für deine Handschrift und für die Handschriften deiner Väter Adam und Seth und Enos, Kainan, Maleleil und Jared, deines Vaters. Und sie werden nicht vernichtet werden bis zur letzten Zeit, weil ich [dies] meinen beiden Engels Ariuch und Pariuch geboten habe, die ich auf der Erde für sie zu Wächtern eingesetzt habe. Und ich befahl, daß sie sie die Zeit über schützen sollen, damit sie nicht vernichtet werden in der künftigen Flut, die ich anrichten werde in deinem Geschlecht."

Eine chinesische oder nordkoreanische präsidiale Antrittsrede könnte nicht besser ausfallen. Und so nebenbei erfahren wir konkrete Namen. Die beiden Männer, die Henoch von Himmel zu Himmel führten, heißen also Samoil und Raguila. Hiermit kennen Sie die Namen zweier Außerirdischer. Übrigens sind das nicht die einzigen Personen, die Henoch uns nennt. Er teilt uns auch die Namen der 20 Gruppenführer von den „gefallenen Engeln" mit. Und nicht nur das: Er stellt sogar die Führungsmannschaft Gottes vor und gibt einen Einblick in den Geschäftsverteilungsplan. Es handelt sich um sechs Erzengel und deren Arbeitsplatzbeschreibung. Demnach unterliegt Uriel das Heereswesen. Raphael ist *„über die Geister der Menschen gesetzt"*. Michaels Zuständigkeit erstreckt sich auf das Volk Israel, welches für das Unternehmen Gott zum Sprungbrett in die Welt werden sollte. Gabriel gilt als der Vorsteher des Paradieses, der Cherubim und Seraphim. Sariel ist ein moralischer Wächter und Raguel hat die Funktion eines Racheengels.

Gott gab Henoch zur Erfüllung seiner Mission 30 Tage Zeit. Danach sollten die instruierten Erdenbürger *„… die Bücher deiner Handschrift anfangen zu ehren und auf sie … achten … Und sie werden lesen und erkennen, dass es keinen anderen gibt außer mir …"*

Gott rief Samoil und Raguila und erteilte ihnen den Auftrag, Henoch zur Erde zu bringen und die 30 Tage dort abzuwarten. Anschließend müsse Henoch mit ihnen zurückkehren. Sein Platz sei fortan bei Gott.

Die Verabschiedung Henochs von seiner Sippschaft ist äußerst interessant. Wir finden einen weiteren Beweis für das durchgängige Wirken des Unternehmens Gott. Die bisher festgestellten Ereignisparallelen

- – von Henoch zu Baruch in Sachen Phönix,
- – von Henoch zu Abraham und Jesaja bezüglich der Sechsflügeligen,
- – von Henoch zu Ezechiel über die Vieläugigen,
- – von Henoch zu Fatima in Form der Kinovorstellung zur Hölle,

erfahren ihre Krönung im Brückenschlag eines Ereignisses von Henoch über die Kreuzigung Jesu bis in das 20. Jahrhundert und dort erneut zu Fatima. Im Zuge der Kreuzigung verfinsterte sich der Himmel während der eigentlich drei hellsten Tagesstunden (vergleiche Markus 15,25). In Fatima ließ Gott nach vorheriger Ankündigung vor Tausenden von

Zeugen um 12:00 Uhr mittags eine Verfinsterung der Sonne eintreten, so dass einige Zeugen davon sprachen, die Sterne gesehen zu haben. [40] Lesen Sie nun die Abschiedsszene zu Henoch:

„Als Henoch zu seinem Volk gesprochen hatte, sandte der Herr eine Finsternis auf die Erde und es war finster und bedeckte die Männer, die bei Henoch standen. Und die Engel eilten und ergriffen Henoch und trugen ihn hinauf in den höchsten Himmel, wo ihn der Herr aufnahm und ihn vor sein Angesicht stellte in Ewigkeit. Und die Finsternis verschwand von der Erde und es wurde Licht. Und obgleich das Volk sah, verstand es nicht, wie Henoch hinweggenommen worden war. Und sie verherrlichten Gott. Und sie fanden eine Schriftrolle, auf der die Aufschrift war: Der unsichtbare Gott. Und dann gingen sie in ihre Häuser."

Gott griff mit der Sonnenverdunkelung zur Tageszeit dreimal in die Trickkiste. Hätten wir nur Henoch und Jesus, na ja, ich hätte es selbstverständlich ebenso erwähnt, wie die anderen Ereignisparallelen. Aber das hier ist weder ein Spaß noch Spekulation. Dreimal ist einmal zu viel. Und die letzte Gaukelei ereignete sich nahe an unserer Gegenwart. Die Hauptzeugin, Schwester Lucia, starb erst im Jahr 2005. Ein starkes Indiz für das durchgängige Wirken des Unternehmens Gott.

Doch damit nicht genug! Die faktischen Handlungen werden an einer unerwarteten Stelle mit einem Hinweis auf die göttlichen Waffenarsenale bestätigt. Ich komme darauf zurück.

Die Sintflut als reale Repression

Gott gab im letzten Satz seiner Schlussrede für Henoch das Stichwort. Er sprach von der *„… künftigen Flut, die ich anrichten werde in deinem Geschlecht"*. Damit kehren wir zurück zum Stein des Anstoßes. Rufen Sie es sich noch einmal in Erinnerung: Gottes Entwicklungsplan für den

Menschen geriet aus den Fugen, weil die Riesen mit den Frauen auf der Erde Familienverhältnisse eingingen und zwangsläufig einen nicht vorgesehenen Entwicklungsschub für den Geisteshorizont leisteten. Der himmlische Geschäftsverteilungsplan lässt uns wissen, dass Raphael und Michael für die Menschen zuständig sind. Wenn der Dienstweg eingehalten wurde, dann müsste die Meldung vom Fehlverhalten der Bodentruppe über die Erzengel an Gott gegangen sein. Die Alternative wäre ein die Hemisphäre umspannendes, geisterhaftes Rauschebartgesicht im Himmel, welches in seiner Schöpferallmacht ein sündhaftes Verhalten auf der Erde erblickt.

Henoch war nahe am Geschehen. Er musste es wissen, als er uns mitteilte, dass Erzengel die fehl gelaufene Entwicklung auf der Erde bei Gott anprangerten. Unter anderem wurde Asasels Offenbarung der *„himmlischen Geheimnisse der Urzeit, die die Menschen kennen zu lernen sich haben angelegen sein lassen"*, gerügt.

Interessant ist der Einleitungssatz, mit dem die Erzengel die Missbilligung vor Gott brachten: *„Du bist der Herr der Herren, der Gott der Götter und der König der Könige; der Thron deiner Herrlichkeit besteht durch alle Geschlechter der Welt; sein Name ist heilig und in aller Welt gepriesen …"*

Warum ist Gott der „Gott der Götter"? Das würde bedeuten, es gab oder es gibt mehrere ähnlich mächtige Götter im Universum. Denn eines ist klar: Die aus Holz geschnitzten und in Stein gehauenen Götzenbilder auf der Erde waren zu nichtig, als dass man im eigenen Hause Gottes Macht über die armseligen Figuren hätte herausstellen müssen. Es ist ein kleines Indiz für die nur allzu natürliche Konkurrenz im Kosmos, auf die wir noch kommen werden.

Der Alte war sauer und er ordnete an, Asasel an Händen und Füßen zu fesseln und in Dunkelhaft zu nehmen. Die im Geiste infizierten Menschen sollten *„… durch das ganze Geheimnis umkommen, das die*

Wächter verbreitet und ihre Söhnen gelehrt haben. Die ganze Erde wurde durch die Werke der Lehre Asasels verderbt, und ihm schreibe alle Sünden zu."

Welches Geheimnis? Wir wissen, was unser neidvoller und egoistischer Diktator meinte. Die vermittelten Zeichen des Mondes, der Sonne und der Astronomie; mitgeteilt von den Außerirdischen namens Asasel, Seriel, Samsaveel, Kokabeel und Baraael. Gott tobte hinter den Kulissen und er verteilte Aufträge an seinen Mitarbeiterstab:

„Ziehe los gegen die Bastarde, die verworfenen und die Hurenkinder, tilge die Söhne der Wächter von den Menschen hinweg …"

„Geh, binde Semjasa und seine übrigen Genossen, die sich mit den Weibern vermischt haben, um sich bei ihnen durch ihre Unreinheit zu beflecken."

Möchten Sie noch weitere Außerirdische namentlich kennenlernen? Arestiqifa, Armen, Kakabael, Turel, Rumsal, Danel, Ruqael, Baraqel, Armers, Batariel, Ananel, Tursal sind nur eine kleine Auswahl. Sie hatten die Menschen *„Tinte auf Papier gelehrt"*. Sie hatten ihnen *„todbringende Schläge und allerhand Mordinstrumente gezeigt"* und ihnen *„das Unterscheiden von Bitter und Süß und alle Geheimnisse ihrer Weisheit kundgetan"*.

Gott musste den Menschen den Kopf waschen. Diese Gehirnwäsche geschah im wahrsten Sinne des Wortes. Das Wissen sollte mit der bekannten Flut fortgespült werden. Auch in dieser Angelegenheit geht das Wissen des Henoch weit über die biblischen Angaben hinaus. Die Sintflut wird plötzlich glaubhaft und Henoch nennt die Art der Bewerkstelligung beim Namen.

Mir ist bewusst, dass speziell die Sintflutgeschichte einerseits mit natürlichen Ereignissen erklärt wird (vornehmlich mit der Überschwemmung der Landbrücke zwischen Europa und Kleinasien am Bosporus infolge des angestiegenen Mittelmeeres und die dadurch bedingte Entstehung des Schwarzen Meeres). Andererseits sind rund 300 Sintflut- oder Flutlegenden aus aller Welt bekannt. [41] Das reicht vom chinesischen Altertum über die Aborigines in Australien und die gesamten amerikanischen Ureinwohner bis zu den Afrikanern, Skandinaviern, Russen, Indern und Babyloniern. Was nutzt es, sich die Köpfe heißzureden, ob der Utnapischtim des sumerisch-babylonischen Gilgamesch-Epos der Noah der Bibel war oder ob in Indien ein König zum Bau einer Arche aufgefordert wurde oder ob dem chinesischen Noah namens Fo-his Vergleichbares widerfuhr. Es verhält sich wie mit der Genesis. Es ist bezeichnend, dass auch in dieser Angelegenheit kultur- und religionsübergreifend von derselben Sache berichtet wird. Die Keilschrifttafel Nr. 1 aus dem Atrahasis-Epos trägt den bezeichnenden Titel *„Als die Götter (noch) Menschen waren"*. Der Grundsachverhalt ist kein anderer als unsere religiöse Schöpfungsgeschichte. Und auch hier wurde nach dem Schöpfungseingriff von den Göttern eine unkontrollierte Vermehrung der Menschen kritisiert, worauf man die Vernichtung der Menschen durch eine Sintflut beschloss. [42] Die Vielzahl der Überlieferungen hebelt die Glaubwürdigkeit doch keineswegs aus. Ganz im Gegenteil. Das ist eher ein Beweis für eine stattgefunden habende kontrollierte Bestrafung. Vergessen wir gequält herbeigezogene Naturereignisse oder gar psychoanalytische Erklärungen. Vielleicht sind die Flutmythen das Resultat traumatischer Erfahrungen der Schwemmfluten von Euphrat und Tigris? Dreimal herzlich gelacht und dann soll es auch gut sein. Wir haben das schriftliche Vermächtnis unseres Zeugen Henoch vorliegen, der Motive und Vorgehensweisen aus erster Hand im „Himmel" erfuhr.

Gleichwohl werden wir zu passender Gelegenheit einen Blick auf den einen oder anderen Sintflutmythos aus verschiedenen Erdteilen werfen. Die Datenerhebungen sind häufig auf Quellen aus dem vorletzten Jahrhundert zurückzuführen. Sie werden erstaunt sein, mit welchen Details Henoch und die Bibel bestätigt werden. Die Summe aller Mitteilungen lässt letztlich eine glaubwürdig reale Handlung im Raume stehen. Sagen Sie an dieser Stelle nicht leichtfertig, dass zum

Beispiel Missionare die Naturvölker beeinflusst haben. Das Wissen war zum Zeitpunkt der Erhebung uralt. Sagen Sie nicht, dass normale Fluterlebnisse im Sinne von Naturkatastrophen (Tsunami et cetera) für die Sintflutmythen gesorgt haben. Wenn keine normalen Flutberichterstattungen unter den weltweit circa 300 erhobenen Flutsagen wären, dann hätten wir Grund zur Skepsis. Die Völker unterscheiden aber sehr wohl zwischen Naturereignissen und dem Ärger Gottes mit seinen Geschöpfen.

So haben wir sogar einen Bericht aus der schon fast sintflutverdächtigen Zeit des Jahres 2357 vor Christus. Im Schu-king, dem chinesischen Buch geschichtlicher Dokumente, das bis ins dritte Jahrtausend vor Christus zurückreicht, wird von einer Flut aus der Zeit des Kaisers Yao berichtet. Es ist auffällig, dass jedes typische (mythische) Beiwerk fehlt. Wir finden

- kein gestörtes Gott-Mensch-Verhältnis im Sinne von missratener Schöpfung, Missfallenserregung durch sündiges Verhalten und ähnliche Querelen,
- kein gottgesteuertes Flutereignis über weite Teile der Erde,
- keinen Bau eines Wasserfahrzeuges für das Überleben weniger, die das neue Menschengeschlecht stellen,
- keine Verquickung von Flutsage und Schöpfungsmythos.

Im Schu-king wird schlichtweg von einem mehrjährigen Kampf gegen das Wasser berichtet. Letztlich gelingt unter der Leitung eines Mannes namens Yü die Regelung und Eindämmung der Fluten. Es handelte sich um ein natürliches und örtliches Ereignis, das lediglich durch sein hohes Alter auffällt. [43]

Ähnlich verhält es sich mit den Berichten

- der Ot Danom am Barito in Borneo (Malaiischer Archipel). Sie erzählen, dass Borneo von einer Flut überschwemmt wurde, durch die alle Menschen getötet wurden, die nicht auf die höchsten Berggipfel geflohen waren. Das war's. [44]

- der nordamerikanischen Eskimos (Prinz-of-Wales-Halbinsel). Denen zufolge gab es in alter Zeit ein Erdbeben, gefolgt von einer starken Flut über das Land. Nur einzelne Menschen waren imstande, sich auf die höchsten Berge zu retten. Ein klassischer Tsunami. [45]
- des araukanischen Volkes (Südamerika). Auch sie berichten von vulkanischen Ausbrüchen mit Erdbeben. In diesem Zusammenhang spricht man die bereits damals bekannte Tsunami-Erfahrung sogar aus: Nach einem Erdbeben sei die Überflutung des Meeres zu befürchten. So retteten sich wenige Menschen auf einen hohen, dreispitzigen Berg. [46]

Unterschätzen wir nicht den grundsätzlich glaubhaften Kern in der Überlieferung völkischer Angelegenheiten. Bedenken Sie das äußerst überschaubare Datenaufkommen im Leben der Naturvölker bis zur Erhebung der Sintflutsagen im vorletzten und zu Beginn des letzten Jahrhunderts. Denken Sie im Gegensatz dazu an unsere wahnsinnige Datenflut allein im Laufe eines Tages. Die Arbeitsstelle, das private Leben, das Internet mit all den sozialen Netzwerken, die Printmedien, der Hörfunk und das Fernsehen mit dem angeblich objektiven Nachrichtenwesen, nebenher das Tages- und Abendprogramm mit seinen einschlägig schwachsinnigen Dokusoaps, von dem Brot-und-Spiele-Charakter des Fernsehens am Abend ganz zu schweigen. Die Datenmenge eines einzigen Tages hat ein früherer Einwohner Masayas am Amazonas während seines halben Lebens nicht verarbeitet. Ein einschneidendes Ereignis wie die Sintflut, erst recht mit Götterbeteiligung, überdauert in einem datenarmen Leben selbstverständlich Jahrtausende. Unterschätzen wir nicht die mündliche Überlieferung. Im Islam sind die so genannten Hafis unter den Imamen sogar in der Lage, den umfangreichen Koran fehlerfrei auswendig zu rezitieren. Angenommen, in unserer Zeit würde es zu einem ähnlichen Neustart kommen wie nach der Sintflut. Was würde von den Anstrengungen weniger überlebender Hafis nach

5000 Jahren übrigbleiben? Mindestens ebenso viel wie zu den Sint-flutsagen. Nach allem, was uns vorliegt, hat es keinen Sinn, die Mythen, Sagen und Legenden der Völker zu einem verklärten, märchenhaften Extrakt zweifelhafter Herkunft abzustempeln.

Sagen Sie nicht, dass die Völker sich gegenseitig beeinflussten und sich in ihrer Erzählkunst überbieten wollten. Wie soll der Datenaustausch rund um die Erde von Naturvolk zu Naturvolk stattgefunden haben? Selbst wenn man glauben möchte, dass spätmittelalterliche Weltent-decker oder noch spätere Abenteurer nichts Besseres zu tun hatten, als den Menschen mit missionarischem Eifer vorrangig die Sintflutge-schichte einzubläuen, dann dürfen wir nicht den Fakt übergehen, dass die verschiedenen Völker von Uraltüberlieferungen sprechen.

Das bestätigt in einem Fall sogar ein Missionar namens Vogt von der Berliner Chinamission (Angabe aus 1910). Er berichtet von einer chine-sischen Sintflutgeschichte, die *„durchaus autochthon"* (alteingesessen, eingeboren) sei. Das ist glaubhaft, weil er von den Jau-dze sprach. Diese wohnten im südlichen Teil der Provinz Kanton auf unzugänglichen Ber-gen, hatten ihre eigene Sprache und ihre Unabhängigkeit bewahrt. Üb-rigens steckt für uns eine interessante Auffälligkeit in dem Bericht. Die Jau-dze erzählen aus uralten Zeiten von einem *„sehr großen Menschen"* (Riesen!). Dieser führte den Namen Bruder Langbein. Bruder Langbein hatte eine Rechnung mit dem Donnergott offen. Ihm lag daran, den Donnergott in eine Falle zu locken, was ihm auch gelang. Dieser wurde von einem Angehörigen Langbeins befreit und er bedankte sich mit dem Hinweis auf die bevorstehende Sintflut: *„Die Wasser werden dich in die Nähe des Himmelstores tragen. Sobald ich dich vom Himmelsfenster aus sehe, sende ich meine Heerscharen aus, um dich aufzunehmen und dich ins Paradies zu geleiten. Dort sollst du bei mir rasten, ruhen und genießen."* Nachdem er ausgeredet hatte, *bestieg er eine Wolke und fuhr empor.*[47]

Wenn wir gedanklich schon in China sind, dann sollten wir auch von der Legende der Lolo aus Westchina lesen. In jedem Mythos steckt ein

Kern Wahres. Interessant ist der – vielleicht nur sinnbildhafte – Hinweis auf eine gentechnologische Veränderung am Menschen nach der Flut:

Die Menschen waren böse geworden. Deshalb beschloss ein Gott die Sintflut und lediglich Dumu mit ihren vier Söhnen retteten sich mit Gottes Wohlwollen in einem ausgehöhlten Baumstamm. Dumu wird als die Ahnin der Lolo verehrt, und fast alle Legenden beginnen mit Bezugnahme auf Dumu oder die Sintflut. Von den vier Söhnen stammen die gebildeten Völker ab, die schreiben können, wie die Lolo und die Chinesen. Die unwissenden Völkerstämme sind auf die Menschen zurückzuführen, die Dumu aus Holzstücken machte. Wissenswert ist ein Hinweis auf die Menschen der Vorzeit. Diese hatten ihre Augen vertikal in den Augenhöhlen ausgerichtet. Die horizontale Ausrichtung entwickelte sich angeblich erst nach der Sintflut. [48]

Es gibt mehrere informative Hinweise auf eine Veränderung im Menschen nach dem „großen Abwasch":

- Die nordamerikanischen Prärie-Indianer vom Stamme der Cheyenne wissen zu berichten, dass sie nach der Flut ihr Leben weniger urzeitmenschlich bestritten. Sie waren danach „…*stark im Verstand, aber schwächer am Körper…*" [49].
- Die Eskimos auf der Halbinsel Prinz of Wales überliefern Gottes Missfallen an den Menschen. Er zerstörte die Erde, so dass sie zerbarst. Die Menschen fielen in Erdspalten und Wasser strömte über alles. Zwei Menschen fielen vom Himmel, von denen die Erde bevölkert wurde. [50] Ein Sinnbild für die gentechnologische Veränderung der menschlichen Rasse durch ein wie auch immer geartetes Dazutun aus dem Himmel?
- Wenn es so war und wenn es selbstverständlich auch so war, dass nicht alle Menschen durch die Flut vernichtet wurden (das wird im Gegensatz zur Bibel in vielen Überlieferungen betont), dann könnte es auch einen Hinweis auf befremdlich wirkende

Nachbarschaften geben. Vielleicht ist der Bericht der Tschim-
schian-Indianer (British Columbia) hier einzuordnen. Sie erzählen von einer Sintflut gegen die in Gottes Ungnade gefallenen
Menschen. Zunächst spricht man erwartungsgemäß von nur
zwei auf einem hohen Berg geretteten Menschen. Diese wurden die Stammeltern der Stämme am oberen Skeenafluss. Auf-
schlussreicherweise wird aber auch von mehreren Menschen
berichtet, die ringsherum verstreut die Flut überlebt hatten. Es
gab noch keine Bäume und alles war Lehm, und sie wohnten
in Häusern aus Elenfell am Gestade des großen Meeres, das sie
vorher nicht gekannt hatten. Seltsamerweise traf das auch für
die übrige Umwelt zu: *„Und all die Tiere und alles war ihnen neu."*
Das galt auch für die Kommunikation, denn *„damals wurden ihre
Sprachen vermengt, denn vor der Flut hatten sie alle nur eine Sprache. Nach der Flut waren ihre Sprachen verschieden."* Gleichwohl
sei ihnen ihre Verwandtschaft bewusst gewesen, *„… denn sie
sind wirklich vor der Flut von einer Stadt hergekommen."* [51]. Stellen
wir an dieser Stelle die Sprachverwirrung bitte nicht mit dem
biblischen Ereignis gleich. Dieses geschah später in einem anderen Zusammenhang und steht meines Erachtens nur bedeutungsgleich für eine konkrete Tat des Unternehmens Gott. An
geeigneter Stelle komme ich darauf zurück.

Wir können die vagen Hinweise auf eine gentechnologische Veränderung im Menschen nach der Flut noch weiter erhärten. In circa 10 %
der Sintflutlegenden ist die Flutsage gleichzeitig ein Schöpfungsmythos. [52] Interessant sind die Flutlegenden mit „Samenbankcharakter".
Zum Zeitpunkt der Erhebung der Flutlegenden war die Gentechnik
noch 50 Jahre entfernt. Der Hinweis auf Samen in der Arche ließ damals bestenfalls die Assoziation auf die klassische Genetik zu. Wenn
aber der Sintflutmythos in vielen Fällen zugleich Schöpfungsmythos
ist und es dazu Hinweise auf Veränderungen an Mensch und Umwelt
nach der Sintflut gibt, dann könnten wir den Mythos vom Samen in
der Arche und die von Gott gesteuerte Neubevölkerung der Erde mit

dem heutigen Wissen weitergehend deuten. Drei Sintflutsagen geben dem wahren Kern im Mythos mehr Schwung:

- Die Hindus hatten die Lehre und die Ordnung Gottes in Form heiliger Schriften erhalten, den so genannten Veden. Am Ende des letzten Weltzeitalters des Brahma soll der Riese Hayagriva die heiligen Veden gestohlen haben. Der Herr des Weltalls befand das Zeitalter für verdorben und beabsichtigte eine Flut des Verderbens für das Verderbte. Er wählte einen Mann namens Manu Satjavrata und mehrere oberste Priester als Garanten für den Neuanfang und Fortbestand der Menschheit nach der Flut. *Der Herr des Weltalls sandte ihnen ein Schiff, welches mit „allerlei Samen" als Arche dienen sollte.* Der Herr versprach seine persönliche Eskorte. Der Begleitschutz fiel wahrhaft göttlich aus: eine Art riesengroßer Fisch mit golden glänzender Außenhaut und einem großen Horn. [53]
- Das Gilgamesch-Epos ist ein literarisches Werk babylonischer Herkunft. Es reicht bis in das 24. Jahrhundert vor Christus zurück. Laut einer Keilschrifttafel, die einst ein assyrischer Schreiber für die Bibliothek des Königs Assurbanipal verfasste, verriet Utnapischtim dem Gilgamesch einen Ratschluss der Götter. Demnach wollte man eine Sintflut entsenden. Utnapischtim war das sumerisch-babylonische Pendant zum biblischen Noah. Gilgamesch war ein sumerischer König mit göttlichen Wurzeln. Utnapischtim nannte nicht den Grund der Sintflut, wohl aber die Namen der Ratsangehörigen. Die Information erhielt er von einem Ratsbeteiligten namens Ea, dem „Herrn der Weisheit". Demnach waren neben seiner Person die „Großen Götter" beteiligt, „ihr Vater Anu, ihr Berater der Kriegsheld Bel, ihr Bote Ninib und ihr Führer Ennugi". Ea trieb Utnapischtim zum vorsorglichen Bau eines Schiffes an: *„Das Schiff, das du jetzt bauen sollst, wohl berechnet seien seine Maße."* Interessant sind Anweisungen und Vorgangsbeschreibungen, die im Gegensatz zur biblischen Geschichte realitätsnah anmuten. So sollte das Schiff

vor der Flut zu Wasser gelassen werden. Zum anderen, und das ist wesentlich, beherbergte das Schiff *„Lebenssamen aller Art".* Keine Rede von kindlich verklärten „Rüssel am Schwanz fassenden" Elefanten und ähnlichen naiven Pärchenbildern. Utnapischtim beschreibt an späterer Stelle den Ladevorgang, die Passagiere und die Besatzung. Wir lesen von *„Werkmeister aller Art",* dem *„Gesinde"* und sogar vom Kapitän namens *„Puzur Bel",* dem *„Lenker des Schiffes".* Und auch hier erfahren wir noch einmal etwas über die wertvolle Fracht: *„… mit allem, was ich hatte an jeglichem Lebenssamen, belud ich es."* Wirklichkeitsnah ist auch der Vorgang des In-See-Stechens: *„Ich trat ein in das Schiff, verriegelte das Tor. Dem Lenker des Schiffes, Puzur Bel, dem Schiffer, übergab ich die Arche mitsamt ihrem Inhalt."* Keine Spur vom biblisch-göttlichen Klaps auf den Archehintern (*„… und Jehova schloß hinter ihm zu",* 1. Mose 7,16). Wie ging es aus? Der Götterrat war sauer, weil es Überlebende gab. Ninib hatte Ea im Verdacht. Ea machte keinen Hehl daraus und verurteilte Bel: *„Ei du Kluger unter den Göttern, Kriegsheld! Wie unbesonnen warst du, eine Sintflut anzurichten!"* Man könne auch verhältnismäßiger *„… unter den Menschen aufräumen!".* Bel befand, es sei doch gut ausgegangen. Neues Spiel, neues Glück. Oder besser gesagt: Ein Neuanfang nach genetischer Manipulation? Die Samenbank des Utnapischtim könnte dafürsprechen. Bel war mit dem Erreichten einverstanden, denn plötzlich klopfte er Utnapischtim auf die Schultern und hob zum Loblied an: *„Vordem war Citnapischtim nur ein Mensch, jetzt sei Citnapischtim und sein Weib uns Göttern gleich, wohnen soll Citnapischtim in der Ferne, an der Mündung der Ströme."* Wo das war, ist nicht bekannt. Bekannt ist uns jedoch der Sprachgebrauch, mit dem Utnapischtim schließt: *„Da entrückten sie mich …"*[54]

- Der Bericht des jüdischen Geschichtsschreibers Flavius Josephus nennt nicht ausdrücklich den Lebenssamen, aber er gibt einen nachvollziehbaren Hinweis auf eine gentechnologische Korrektur am Menschen: Gott liebte Noah und beschloss, ihn zu retten und nach der Vernichtung aller Menschen ein anderes, nicht mehr so sündiges Geschlecht zu erschaffen. Übrigens reicht die bekannte Sintflut in dieser Erzählung nicht 15 Ellen über die höchsten Berge (so laut 1. Mose 7,19 f.), sondern 15 Ellen über die Erdkugel. Der Unterschied könnte beträchtlich sein. „15 Ellen über die Erdkugel" könnte sich auf den Meeresspiegel oder eine andere Höhenbezugsfläche beziehen. Interessant ist in jedem Fall die beabsichtigte Korrektur in der genetischen Struktur des Menschen: Das Höchstalter sollte fortan 120 Jahre betragen.

Gott selbst spricht es in 1. Mose 6,3 aus: *„Mein Geist soll nicht ewiglich mit dem Menschen rechten, da er ja Fleisch ist; und seine Tage seien 120 Jahre."*

Beschlossen und verkündet. Und tatsächlich: Vernachlässigen wir Kriege, Seuchen, Hungersnöte und Unfälle und betrachten die rein biologische Lebenserwartung (Zellalterung). Auf der Grundlage des heutigen medizinischen Wissens liegt die Lebenserwartung unter guten Rahmenbedingungen (Stress, Ernährung, Bewegung) bei rund 120 Jahren.[55] Welch ein Zufall!

Und wo bleiben die Riesen in den Sintfluterzählungen? Schließlich steht die Hypothese im Raum, dass 200 Riesen Gottes Schöpfung geistig und genetisch versaut hatten. Deren Nachkommen und das mit den Riesen verbreitete verbotene Wissen sollte vor dem groß angelegten Neuanfang vernichtet werden.

Die Riesen sind glaubhaft. Das habe ich schon mehrfach hervorgehoben. Und die Riesen waren sicherlich herausragend genug, um ein Bestandteil des wahren Kerns im Sintflutmythos zu sein. Mit den Jaudze in China erhielten wir bereits einen zaghaften Hinweis auf den Riesen „Bruder Langbein". Die Hindus sprechen es bereits aus, wenn der Riese Hayagriva die heiligen Veden gestohlen haben soll. Noch deutlicher wird es

- bei den finnischen Mogulen Russlands. Die Flutgeschichte ist zwar ohne jeglichen Sintflutbezug und kann insofern das Produkt normaler Naturkatastrophen sein. Erwähnenswert ist jedoch, dass die Geschichte von Riesen erzählt, die nur zum Teil durch die Flut umkommen.[56]

- bei den Masaya am Amazonas. Sie sprechen von fernen Zeiten, in denen die Gewässer die Erde bedeckten. Damals waren die Masaya so groß wie Bäume.[57]

- bei den Bewohnern der Pelau-Inseln der westlichen Karolinen (Melanesien und Mikronesien). Dort bestehen zwei etwas voneinander abweichende echte und ursprüngliche Sintflutüberlieferungen. Im Ergebnis dreht es sich um Götter, die die heutigen Menschen schufen. Interessant ist der Beginn einer der beiden Erzählungen: *„In alten Zeiten … waren die Bewohner der Pelau-Inseln alle Kalits (Heroen), denn sie waren stark und vollführten Wunderdinge, und die Kalits gingen herum auf der Erde wie andere Menschen."*[58] Die Parallele zu 1. Mose 6,4 ist unübersehbar: *„In jenen Tagen waren die Riesen auf der Erde … das sind die Helden, welche von alters her waren, die Männer von Ruhm gewesen sind."*

- bei den nordamerikanischen Aricara-Indianern. Der Sintfluthintergrund an sich kann mit drei Sätzen nicht treffender zusammengefasst werden: *„Ein früheres Geschlecht von Riesen, das Zauberkräfte besaß, wurde dem Gott Nesaru zu übermütig, weil sie sich ihm gleich dünkten. Er vernichtete sie alle durch eine große Flut. Das jetzige Geschlecht der Menschen ist viel kleiner geworden und hat keine Flut mehr erlebt."*[59]

- bei den Pawnee-Indianern. Sie vertiefen die Überlieferung der Aricara-Indianer erheblich. Demnach setzte Tirawa vor langen Zeiten, ehe die gewöhnlichen Menschen auf der Erde waren, mit Zauberkräften begabte Menschen auf die Erde. Diese waren Riesen, übermächtige Menschen. Sie fürchteten sich weder vor wilden Tieren noch vor den Göttern im Himmel, denn sie hatten das Bewusstsein, dass sie die gleiche Macht hätten.

Sie verhöhnten die Götter und Tirawa erkannte, dass es töricht gewesen war, diese Menschen zu machen, und beschloss, sie zu vernichten: *„Ich habe versucht, sie zu bestrafen, aber ich kann es nicht tun wegen der großen Macht, die ich ihnen gegeben habe. Aber ich werde sie vernichten."* Danach folgt die Sintflut ohne die sonst typischen Arche-Noah-Elemente. Eine biblische Parallele birgt allerdings der Zusatz, es gäbe *„… vier Dinge, durch die Tirawa Menschen töten kann, **aber er hat versprochen, er würde keine Flut mehr senden auf die Erde**; denn es gäbe noch andere Mittel, die Menschen zu vernichten. Bei dem einen ist er nicht sicher, ob er es anwenden wird, nämlich Feuer vom Himmel fallen zu lassen und die Menschen zu verbrennen."* Die Götter im Himmel würden zu gegebener Zeit darüber beraten. [60]

Einen weiteren „Riesenfall" hebe ich mir auf, um ihn an geeigneter Stelle anzubringen. Dort nennt man eine wesentliche Sache konkret beim Namen.

Wie stand es bisher um Ihr Wissen über die Sintflut? Die mündlichen Überlieferungen aus dem Erfahrungsschatz der verschiedenen Völker sind zum Teil auffällig konkret und stimmig. Hat jemals irgendein Religionslehrer Ihr Schulwissen mit den Sintfluterkenntnissen aus aller Welt bereichert? Komisch, denn eines dürfte doch wohl deutlich geworden sein: Die Sintfluterzählung in der Bibel reiht sich ganz gewöhnlich in die zum Teil identischen Überlieferungen anderer Völker ein. Kein Wunder, wir sind eben nicht mehr und nicht weniger ein Volk unter der „Obhut" des Unternehmens Gott als die angeblichen Heiden auch. Unsere biblische Erzählung ist nicht weniger wert, aber im Grunde auch nicht mehr. Werfen wir deshalb nur zur vorläufigen Abrundung der Sintfluterzählungen einen Blick auf das biblische Ereignis:

In den Tagen, als noch Riesen auf der Erde waren, gingen die Söhne Gottes ohne Genehmigung ihres Kommandanten Partnerschaften

91

mit den Erdenfrauen ein. Gott war verärgert über den ungenehmigten Eingriff in die von ihm geschaffene Population. Im Gespräch mit Noah kündigte er eine von ihm gesteuerte Wasserflut über weite Teile der Erde an und er besprach mit Noah die Vorgehensweise für einen Neuanfang nach der Vernichtungsaktion (vergleiche 1. Mose 6). Laut Bibel war die Flut ein Prozess über 1 Jahr und zehn Tage. Gemessen an Noahs Lebenslauf begann die Flutmaßnahme an einem 17. Februar und erreichte den höchsten Pegelstand vierzig Tage später. Der Wasserstand hielt 150 Tage an und baute sich danach allmählich ab. Die Arche setzte auf dem Gebirge Ararat auf, aber erst am 27. Februar des Folgejahres war wieder alles im Lot (vergleiche 1. Mose 7 und 8). Erwähnenswert ist die Aussendung eines Vogels während der Flut, um Rückschlüsse über den Stand der Flut ziehen zu können. Auch mit diesem Geschichtsdetail steht die Christenwelt nicht exklusiv da. Dieser Gedanke kommt in zehn Fällen der rund 300 Sintflutgeschichten rund um den Globus vor. [61]

Fragen Sie in Ihrem Bekanntenkreis, woher die Wassermassen für die Flut kamen, dann denkt fast jeder an die berühmt-berüchtigten vierzig Tage Regen. Na klar, Gott selbst kündigte an, es wird „… *auf die Erde regnen vierzig Tage und vierzig Nächte"* und ich *„werde vertilgen von der Fläche des Erdbodens alles Bestehende, das ich gemacht habe … und der Regen fiel auf die Erde vierzig Tage und vierzig Nächte"* (1. Mose 7,4 und 7,12). Es dürfte aber auch klar sein, dass Gott damit keine geschichtsträchtige Flut aufbauen konnte. Selbst wenn alles Eis der Erde schmelzen würde, dann würde der Meeresspiegel um maximal 70 m steigen. Laut Bibel reichte das Wasser noch 15 Ellen über die höchsten Berge. Das wären 9000 m über dem heutigen höchsten Meeresspiegel. Eine Diskussion über das Längenmaß der Elle erübrigt sich in diesem Fall.

Selbstverständlich inszenierte Gott keine wundersame Wasservermehrung. Selbst die biblische Erzählung ist nicht so weltfremd und spricht ausschließlich von Regen an vierzig Tagen und Nächten. Die Bibel gibt uns den interessanten Hinweis auf hervorbrechende Quellen aus der großen Tiefe (vergleiche 1. Mose 7,11). Die Andeutung ist nicht lebensfremd, wenn wir an katastrophale Flutwellen als Folge eines Erdbebens unter dem Meeresboden denken. Naturkatastrophen dieser Art sind uns auch aus der Antike bekannt. Im Jahr 365 nach Christus erschütterte ein Erdbeben den östlichen Mittelmeerraum. Ein Tsunami mit 50.000 Toten war die Folge.

Wir haben es in unserem Fall mit einer kontrollierten Sanktion zu tun. Und weil nicht die wahre Schöpfung des Universums ihre Finger im Spiel hatte, überlegen wir, ob nicht der mächtige „liebe Gott" die Fäden dermaßen in der Hand hielt, dass daran sogar die Kontinentalplatten hingen. Die Sintflutmythen der verschiedenen Kulturen waren eine aufschlussreiche Einstimmung für den Blick hinter die Kulissen. Sie, lieber Leser, erhalten nun Informationen aus zweiter Hand, nämlich exklusiv aus Gottes Mund, mitgeteilt durch die schriftliche Zeugenaussage des Henoch.

Das Motiv und die Bewerkstelligung der Sintflut laut Henoch

Erinnern Sie sich noch an Gottes Geleitworte für Henoch, bevor er ihn für 30 Tage auf die Erde entließ? Henoch war erstaunt über die Gewöhnlichkeit, mit der Gott zu ihm sprach, eben „von Mann zu Mann". Im letzten Satz fällt eine Bemerkung zur geplanten Flut. Ich unterließ an der Stelle weitere Ausführungen, weil der Leitgedanke zur Sintflut noch nicht reif war. Im Gespräch mit Henoch schimpfte der Schöpfer über die Verbreitung des *„nichtigen Samens"*. Er war beleidigt, weil die schlau gewordenen Menschen seine Fron verwarfen. Weil *„… sie Gott nicht fürchten und mich nicht verehren … und sie haben meine Einzigkeit abgewiesen … und deshalb werde ich eine Flut über die Erde bringen, und ich werde alles vernichten, und die Erde selbst wird in einem großen Schlamm zerstört werden. Und ich werde übriglassen einen gerechten Mann aus deinem Stamm mit seinem ganzen Haus, der nach meinem*

Willen handeln wird. Und aus ihrem Samen wird ein anderes Geschlecht erstehen, ein letztes und zahlreiches. "

Nun könnte man sich fragen, wie dieser Wutausbruch in die Henochschrift einfließen konnte, wenn Henoch doch abflugbereit, also mit seinen fertigen Büchern im Gepäck, die letzten Instruktionen erhielt.

Wir müssen unterscheiden zwischen den Henochbüchern, geschrieben mit dem seltsamen Schreibrohr der Schnellschreibung, und der 30-tägigen Abschlusspredigt Henochs vor seiner Sippschaft. Henoch las seinem Volk vertragsgemäß die Leviten. Seine Predigt war zweifellos ein Extrakt der Bücher. Ganz sicher stellte die Gemeinde ihre Ohren nicht auf Durchzug und war um eine schriftliche Zusammenfassung bemüht. Und ganz sicher gab Henoch auch Informationen am Rande. Dieses galt erst recht für das Vater-Sohn-Verhältnis von Henoch zu Methusalem, zumal Methusalem nach Henochs „Entrückung" die führende Priesterrolle übernahm. Die Überlieferungen wurden fortgeführt und mit ereignisreichen Episoden angereichert. So soll es nicht verwirren, wenn in den sogenannten Henochbüchern Sohn, Enkel und Urenkel (Methusalem, Lamech, Noah) zu Worte kommen.

Lesen Sie zunächst noch einmal die beiden letzten Sätze aus Gottes Abschiedsrede für Henoch. Ein Mann aus dem Stamme Henoch sollte mit seiner Familie die Flut überleben und aus deren Samen würde ein anderes Geschlecht entstehen. Wie soll das funktionieren? In dem Moment, in dem die Familienmitglieder sich fortpflanzen, wird das Geschlecht doch schlicht und einfach erhalten. Wie kann denn wohl ein *„anderes"* Geschlecht *„aus ihrem Samen"* entstehen? Ein weiteres Indiz für die „Samenbanktheorie" der Arche? Wenn es so war, dann müsste Noah mehr darstellen als einen normal gebildeten Nachfahren Henochs.

Henoch gehörte nach seiner Entrückung zum Mitarbeiterstab des Kommandanten „Gott". Das Projekt „Sintflut" war in Arbeit und Henoch blieb auch nach seiner Entrückung mit seiner Familie in Verbindung. Diese war immerhin der Dreh- und Angelpunkt des Projektes. In seiner Eigenschaft als Brückenkopf beruhigte Henoch seinen Enkel durch seinen Sohn in einer seltsamen Angelegenheit: Lamechs Sohn Noah war andersartig. Er ist laut Lamech nicht

„… wie ein Mensch, sondern gleicht den Kindern der Engel des Himmels. Seine Natur ist anders [als die unserige], und er ist nicht wie wir; seine Augen sind wie die Sonnenstrahlen, [und] sein Antlitz ist herrlich. Es scheint mir, dass er nicht von mir, sondern von den Engeln stammt …"

Irgendwie stand Noah von jetzt auf gleich in der Welt. Unmittelbar nach seiner Geburt öffnete er seinen Mund *„… und betete an den Herrn der Gerechtigkeit"*. Henoch beruhigte seine Angehörigen. Sie sollten sich vor Noah nicht fürchten und auf Gottes Programm vertrauen:

„Der Herr wird Neues auf der Erde schaffen. Dies habe ich schon in einem [früheren] Gesichte gesehen und dir kundgetan, dass im Zeitalter meines Vaters Jareb einige von den Engeln des Himmels das Wort des Herrn übertraten. Siehe, sie begingen Sünde und übertraten das Gesetz. Sie vermischten sich mit Weibern und sündigten mit ihnen: Sie heirateten einige von ihnen und zeugten Kinder mit ihnen. Ein großes Verderben wird über die ganze Erde kommen; eine Sintflut und ein großes Verderben wird ein Jahr hindurch kommen. Dieser Sohn, der euch geboren worden ist, wird auf der Erde übrig bleiben, und seine drei Söhne werden mit ihm gerettet werden, wenn alle auf Erden befindlichen Menschen sterben werden, wird er mit seinen Söhnen gerettet werden … nun tue deinem Sohne Lamech kund, dass der, der geboren worden ist, wirklich sein Sohn ist, und nenne seinen Namen Noah …"

Für die Erdenbewohner schien das Sintflutprojekt eine Zeit lang auf Eis zu liegen. Zum Lebensende Methusalems erfolgte eine Terminerinnerung anlässlich der Verfügung Gottes an Methusalem, dessen Priesteramt auf seinen Enkel Nir (den jüngeren Bruder Noahs) zu übertragen.

Für die Erinnerung an die Sintflut verwendete Gott im Grunde einen Textbaustein wie in Henochs Sintflutwerbung.

Am Rande sei erwähnt, dass Nir vom Beginn seiner Berufung an die von Gott auferlegte Keuschheit gegenüber seiner Frau, Sopanima, eingehalten haben will. Sie wurde trotzdem schwanger und sie schwor Stein und Bein auf ihre Unschuld. Nir schenkte ihr keinen Glauben. Es gab einen handfesten Krach, in dem Nir drauf und dran war, seine Frau umzubringen. Doch das war nicht mehr nötig, weil sie allein über den Streit ein Herzversagen erlitt. Nir vertraute sich Noah an und beide kamen überein, die Sache zu vertuschen und Sopanima heimlich zu begraben. Während sie das Grab aushoben, kam die Leibesfrucht aus der toten Mutter zur Welt. Dieser seltsame Vorgang ist bestimmt nicht wörtlich zu nehmen. Gleichwohl will uns der Mythos etwas Außergewöhnliches überliefern. Wen wundert's, war das Kind namens Melchisedek irgendwie vom Schlage Noah. Der Junge war voll entwickelt, konnte reden und – was auch sonst – er *pries den Herrn*. Komischerweise trug er sogar Kleidung, die er sich neben der toten Mutter locker abklopfte, und fertig. Gott tröstete Nir, er solle sich wegen des Jungen nicht den Kopf zerbrechen. Dieser habe eine priesterliche Stammhalterfunktion und werde in Kürze von seiner Führungskraft Michael geholt (worüber in Henoch auch berichtet wird).

Wie dem auch sei, wenn Noah tatsächlich *von den Engeln stammt*, dann müsste auch die Arche mit ihrem Samenbankcharakter mehr sein als das Werk eines irdischen Zimmermannes. In 1. Henoch Kapitel 67 steht ein interessanter Hinweis in Form einer Absprache zwischen Gott und Noah. Demnach würden Mitarbeiter Gottes (Engel) die Arche „... *zurecht machen, und wenn sie mit jener Arbeit fertig sind, werde ich meine Hand darauf legen und es bewahren. Ein Same des Lebens wird daraus hervorgehen.*"

Was wollen wir mehr? Das ist eine Bestätigung der „heidnischen" Völkersagen in einer Schrift unseres Glaubens. Immerhin wird Henoch in der Bibel erwähnt und die Henochschriften könnten ebenso gut ein Bestandteil des Alten Testaments sein. Und was verrät Henoch uns schlussendlich über die praktische Auslösung der Sintflut? Eine kleine Aufzählung aus 1. Henoch und 2. Henoch stößt uns mit der Nase darauf:

- *Dann werde ich dem Abgrund befehlen, dass er sich auf die Erde ergieße,*
- *die Brunnen, die sich unterhalb der Himmel und unterhalb der Erde befinden, werden geöffnet werden.*
- Henoch gewährte Noah einen Einblick in *„die Strafengel, die bereit sind, zu kommen und alle Kräfte des unterirdischen Wassers loszulassen, um Gericht und Verderben über alle zu bringen, die auf dem Festlande weilen und wohnen".*
- *In jenen Tagen sah Noah,* dass die Erde *müde und erschüttert ist … allsogleich fand ein großes Erdbeben statt.*

Künstlich erzeugte Erdbeben, die wiederum beabsichtigt Flutwellen erzeugen, sind heutzutage nicht mehr das Hirngespinst von Science-Fiction-Autoren. Allen Ernstes und mit Teilerfolgen arbeiten wir seit Jahrzehnten an kontrollierten Regenfällen, Sturmumleitungen beziehungsweise Sturmauflösungen, Dürreerzeugungen und sogar an gezielten Blitzumlenkungen. 1957 rieten Berater des US-Präsidenten Dwight D. Eisenhower in einem Bericht, die Wettermanipulation könne für den Kriegseinsatz sogar eine wichtigere Waffe als die Atombombe werden.[62] Die Methode hat den strategischen Vorteil, dass der Feind den Angriff gar nicht bemerkt.

China unterhält sogar ein „Wetteränderungsamt". Die Olympischen Spiele in Peking wurden durch den Einsatz dieser Institution von dunklen Wolken verschont, die man außerhalb der Stadt abregnen ließ. Russland verfährt für seine Paraden in Moskau nicht anders und einige Landkreise in Deutschland wenden auf diese Art Hagelschäden von der Landwirtschaft ab. Bereits 1972 führte ein staatlich bestellter

Wettereingriff im US-Staat South Dakota zu einer Katastrophe: Sint-flutartige Regenfälle ließen 200 Menschen in den Wassermassen ster-ben.[63]

1996 erstellten Mitarbeiter der U.S. Air Force die Studie *Das Wetter als Machtverstärker: Wetterinbesitznahme bis 2025"*. Eine Aussage lautet: „Unsere Vision ist, das Militär bis 2025 in die Lage zu versetzen, mit Wetterbeeinflussung konkrete Operationen durchzuführen."[64]

Vielleicht arbeitet man bereits mit dem so genannten HAARP-Projekt in den USA daran. Das High Frequency Active Auroral Research Pro-gram wird von der US-Marine und der US-Luftwaffe finanziert. Die Anlage ist ein riesiges Antennenfeld in Alaska. Es ist ein elektroma-gnetisches System, mit dem man auf die Ionosphäre Einfluss nimmt. Klimaforscher befürchten Naturkatastrophen als Folge der elektro-magnetischen Manipulation. Neben der Atmosphäre wird natürlich auch die Gerüchteküche angeheizt. Sogar Erdbeben werden von Ver-schwörungstheoretikern mit HAARP in Zusammenhang gebracht, so die Erdbebenkatrastrophe in Haiti Anfang 2010 oder das Beben in der chinesischen Provinz Sichuan 2008.

Müsste unter der Vielzahl der Sintflutlegenden dann nicht wenigstens ein konkreter Hinweis auf einen ursächlichen Zusammenhang zwi-schen Sintflut und Erdbeben existieren?

Das Volk der Binna (Malaiischer Archipel) erzählt sich seit je, dass die Erde keine feste Masse sei. Sie habe nur eine dünne Haut (Kuli bumi). Gott brach die Kruste durch und in der Folge wurde die Erde vom Was-ser überflutet. Auf dem Wasser schwamm eine vollkommen geschlos-sene, aus Pulaiholz gezimmerte Prahu. In diese hatte Gott einen Mann und eine Frau, die er geschaffen hatte, eingeschlossen. Als die Prahu auf dem Trockenen stand, stiegen sie aus. Sie waren die Stammeltern aller Menschen. Gott schaute mit Wohlgefallen auf das neue Produkt und zählte die Nachkommen.[65]

Vor Jahrtausenden, als ein Volk wie die Binna keinen Schimmer von der Struktur unserer Erde gehabt haben können, wird von einer künstlich hervorgerufenen Veränderung in den Kontinentalplatten gesprochen, die Überschwemmungen zur Folge hatte. Erdbeben und Tsunamis rücken hier ins Bewusstsein. Wie erlangte ein Naturvolk vor Jahrtausenden das Wissen über den flüssigen Zustand des Erdinneren und darüber, dass die Erdkruste relativ dünn ist?

Ein anderer Stamm aus derselben Gegend bestätigt übrigens 1. Henoch Kapitel 67 bezüglich der göttlichen Herkunft der Arche:

Die Mantra, am Berge Ophir, lassen ihre Vorväter aus dem Himmel kommen, und zwar in einem großen, **von Gott gebauten** Schiff. Das Schiff schwamm auf den Wassern der Erde, bis es auf einem Berg der Halbinsel stillstand. [66]

Also auch hier: keine irdische Zimmermannsarbeit und somit hoch technologieverdächtig.

Gestatten Sie mir einen kurzen Schwenk zum Propheten Elias aus dem Alten Testament. Er war ein Vollstrecker mit direkter Beteiligung Gottes. Andersgläubige Menschen wurden in einem öffentlichen Schauspiel ermordet. In meinem ersten Buch stellte ich die Indizienlage für seine Angehörigkeit zum Unternehmen Gott dar. [67] Elias und Gott griffen im Kampf gegen Andersdenkende auf eine weitere Repressalie zurück. Sie verhängten eine lang anhaltende Dürre:

„… So wahr Jehova lebt, der Gott Israels, vor dessen Angesicht ich stehe, wenn es in diesen Jahren Tau und Regen geben wird, es sei denn auf mein Wort!" (1. Könige 17, 1)

Wenn wir heutzutage Regen fernhalten können (siehe Beispiel Peking und Moskau), dann konnte das Unternehmen Gott auch die Dürre realisieren.

Lassen Sie mich abschließend einen spekulativen Gedanken zur Erbeben- und Fluterzeugung vorstellen. Könnte das Unternehmen Gott einen künstlich erzeugten und schnell ablaufenden Polsprung in Gang gesetzt haben? Polverschiebungen sind kein neuer Gedanke. Verschiedene Wissenschaftler, unter anderen Albert Einstein, haben sich schon vor Jahrzehnten damit befasst. Der Geo-Wissenschaftler Adam Maloof, Universität Princeton/US-Bundesstaat New Jersey, hat die Verschiebungen der Kontinente auf der Erdoberfläche untersucht. Maloof und ein Team der Harvard-University unternahmen eine Expedition auf der Suche nach Beweisen für eine Polwanderung.[68] Die Untersuchungen in der Arktis und in Australien erbrachten den Beweis für die Annahme einer Polverschiebung vor 800 Millionen Jahren. Bei einer so genannten echten Polwanderung würden die Erdkruste und die Schicht darunter, der Erdmantel, über den Erdkern rutschen. Maloofs Messdaten zeigen, dass die Polverschiebung mindestens 1 Million Jahre gedauert hat. Das löst keine Katastrophe aus, die der Mensch bemerkt. Wenn das schnell passiert, etwa innerhalb weniger Stunden, dann wäre das eine unvorstellbare Katastrophe. Eine Stadt wie New York könnte in Richtung Arktis geschoben werden und wäre dann mit Eis bedeckt. Eine Region wie Alaska könnte am Äquator landen.[69] Kurzum: Eine Polverschiebung beinhaltet alles, was uns Henoch und die Flutlegenden mitteilen: Erdbeben, Vulkanausbrüche, Tsunamis und veränderte irdische Gegebenheiten auf den ganzen Planeten.

Fragwürdigkeiten zum Zeitablauf von Henoch bis zur Realisierung der Sintflut und zum Alter der Protagonisten

Nehmen wir für einen Moment an, die Gläubigen haben Recht und der allmächtige Schöpfer drehte am Sintfluthahn. Der liebe Gott im Sinne der Gläubigen benötigte in seiner Allmacht ganz sicher keine Vorbereitungszeit. Daran lassen zum Beispiel die Christen keinen Zweifel.

Warum auch, ihnen genügt die Bibel, und die beschreibt Gottes Gedankengänge wie eine Momentaufnahme:

- Die Menschen vermehrten sich.
- Die Söhne Gottes nahmen sich Erdenfrauen.
- Gott missfiel das.
- In Verbindung mit dem „Eingehen der Söhne Gottes zu den Töchtern der Menschen" waren auch Riesen auf der Erde.
- Gott sah sein Werk als verpfuscht an.
- Gott schickte die Sintflut.

Henoch weiß es aber besser. Er füllt die wenigen Spiegelstriche – zusammengestellt aus 1. Mose 6 – mit Leben. Er gibt uns Einblicke in das Motiv und in die Praxis der Sintflut sowie in die zeitliche Abfolge von den ersten Planungen Gottes bis zur Realisierung der Vernichtungsaktion. Und Henoch ist immerhin ein Mann der Bibel, wenn auch nur mit wenigen Zeilen bedacht. Sogar *„bei den älteren Kirchenvätern und Apologeten genoß das* (Henoch-)*Buch, dessen kanonische Anerkennung Tertullian mit Leidenschaft verfocht, großes Ansehen …"*[70]

Dank Henoch wissen wir, dass der Anlass für die Sintflut „in den Tagen Jareds" gesetzt wurde. Wir wissen auch, dass es nach Henoch von Methusalem über Lamech bis Noah eine erhebliche Zeit dauerte, bis die Maßnahme umgesetzt wurde. Machen wir uns im wahrsten Sinne des Wortes ein Bild vom Zeitablauf. Ich habe die Lebenszeiten der Väter und Söhne von Jared bis Noah einander graphisch gegenübergestellt:

Die Lebensspannen von Jared (J), Henoch (H), Methusalem (M), Lamech (L) und Noah (N) in groben 50-Jahres-Schritten

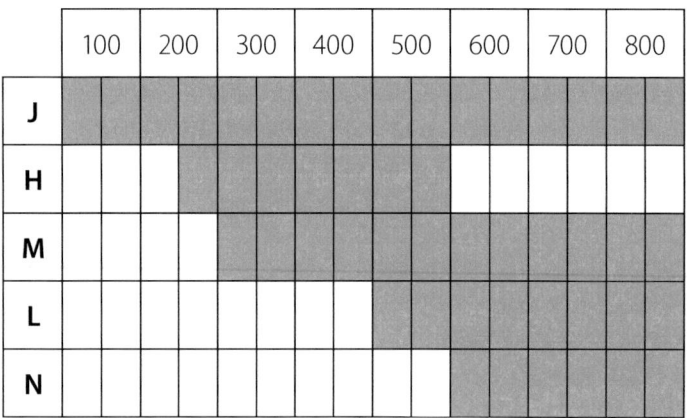

S = Sintflut

Natürlich fallen die biblischen Angaben zum Lebensalter auf. Nach unseren Maßstäben wurden unrealistische Höchstalter erreicht:

Jared: 962 Jahre
Henoch: 365 Jahre
Methusalem: 969 Jahre
Lamech: 777 Jahre
Noah: 950 Jahre

Wie gehen wir damit um? Mit einem Zehntel hätten wir gewohnte Altersangaben von 36 bis 96 Jahre. Aber wir haben keinen Anlass für eine solche Korrektur. Zudem würden Henoch und Lamech unglaubwürdige Zeugungsalter aufweisen. Außerdem steht die von Gott angeblich nach der Sintflut korrigierte und praktisch existierende menschliche Lebenshöchsterwartung von 120 Jahren im Raum. Der Rückschluss lässt eine höhere Lebenserwartung vor der Sintflut annehmen.

Nun gut, dann war es eben so. Die Samenbanktheorie zur Arche geht mit der Vermutung über gentechnologische Eingriffe einher. Vielleicht waren wir vor der Sintflut anders gestrickt. Eines ist zumindest sicher: Der Spruch zur Sintflut *„Und Jehova sprach: Und seine Tage seien 120 Jahre"* war kein Schuss ins Blaue. Wir sind der Beweis. Vielleicht müssen wir einfach nur etwas relativer denken. Jetzt mal ehrlich: Wo ist der Unterschied, ob ich nun 100 oder 1000 Jahre alt werde? Meine Güte, dann lebe ich eben zehnmal so lange. Mit dem gleichen Gejammer und Gezeter und allem Freud und Leid wie über 100 Jahre auch. Na und? Dann wäre unser Zeitempfinden eben anders. Alles ist relativ. Selbst Raum und Zeit.

Vielleicht war es aber anders. Möglicherweise hatten die genannten Protagonisten in ihren jeweiligen Rollen als Stammväter eine persönliche und räumliche Anbindung an das Unternehmen Gott. Reisen im Weltraum können je nach Bewegungsart die Zeitabläufe zwischen verschiedenen Bezugsystemen verändern. Nach der Speziellen

Relativitätstheorie Einsteins aus dem Jahr 1905 kann die Zeit in sich relativ zueinander bewegenden Bezugssystemen gedehnt werden. Wir haben sogar eine schriftliche Aussage aus dem Himmel über einen solchen Fall:

In der apokryphen Schrift *„Die Geschichte Jesajas"* zweifelte der Prophet des Alten Testaments an der göttlichen Allmacht und wurde in den Himmel berufen. In Anbetracht der Himmelfahrt und der unendlichen Weite wurden Jesajas Zweifel ausgeräumt. Der Engel, der den Propheten in den Himmel gebracht hatte, wollte ihn auf die Erde zurückgeleiten. Jesaja wunderte sich: *„Warum so schnell? Ich bin nur zwei Stunden hier gewesen."* Der Engel antwortete: *„Nicht zwei Stunden, sondern 32 Jahre."* Jesaja fragte ängstlich: *„Warum soll ich in mein jämmerliches Fleisch zurückkehren?"*[71] Die Reaktion ist verständlich, nahm Jesaja doch an, er müsse auf der Erde schlagartig 32 Jahre älter sein. Doch der Engel räumte seine Bedenken aus: *„Trauere nicht, du wirst nicht alt sein."*

„Nein", werden Kritiker mitleidvoll lächelnd sagen, „Jesaja erhielt in einer Vision Gottes Zeitlosigkeit vorgehalten."

Lieber Leser, lassen Sie sich nicht weiter für dumm verkaufen. Ganz sicher kann man jeden einzelnen Sachverhalt zerpflücken und entkräften. Aber mit diesem Buch und mit meinem vorherigen Werk fertige ich (wie andere einschlägige Autoren auch) sinnbildlich gesprochen ein 1.000-teiliges Puzzle. Jedes Puzzlestück ist ein mehr oder weniger aussagekräftiges Indiz. Natürlich gibt es auch Fehlbelegungen. Das ändert aber nichts mehr am erkennbaren Gesamtbild. Die Summe aller Indizien macht den Beweis aus.

Auch in Jesajas Fall haben wir wie bei Henoch eine konkrete Unterhaltung mit präzisen Angaben. Die Aussagen drücken sogar einen physikalischen Fakt aus. Jesaja musste davon ausgehen, dass er mit der Rückkehr zur Erde auf einen Schlag 32 Jahre älter werde, dass er also in sein *„jämmerliches Fleisch"* zurückkehren müsse. *„Trauere nicht, du wirst nicht alt sein."* Welch eine wahre Aussage im Sinne der Physik. Nur die Zurückgebliebenen sind dann relativ älter.

Denkbar ist aber auch eine Mischung aus beiden Annahmen. Das höhere Lebenshöchstalter vor der 120-Jahre-Korrektur in Verbindung mit interstellaren Reisen. Haben wir ein Problem damit?

So viel zum gewöhnungsbedürftigen Alter der vorsintflutlichen Patriarchen. Die Frage nach dem relativ großen Zeitablauf von Henoch bis zur Realisierung der Sintflut erklärt sich fast von selbst. Es ist sogar ein Beweis für den Gott zweiter Klasse. Brauchte der Schöpfer im Sinne des kirchlichen Glaubens circa 600 Erdenjahre zur Vorbereitung der Sintflut? Müsste der liebe Gott nicht nur mit dem Finger schnippen und das Fass läuft über? Seltsam, dass es nicht so war.

Wie war es dann? Möglicherweise waren die 600 Erdenjahre von der Feststellung des abtrünnigen Mannschaftsteiles bis zur Bewerkstelligung der Sintflut für das Unternehmen Gott zum Beispiel nur sechs Jahre. Denken Sie praktisch:

Gott bekommt aus seinem Führungsstab eine Nachricht über 200 abtrünnige Mitarbeiter, die irgendwo auf der Erdoberfläche abgetaucht sind. Die 200 Riesen siedelten ganz sicher nicht auf einem Fleck. Gott verschafft sich einen Lageüberblick, erstellt Szenarien für die Gefährdung der Gottesnummer, plant Einsätze zur Aufklärung der Aufenthaltsorte, Festnahmen et cetera. Sicherlich gelang die Rückführung einiger Abtrünniger. Doch manche konnten sich der Festnahme entziehen und ihre Gene unter das Volk mischen. Schließlich wissen wir aus den Sintflutberichten und sogar aus der Bibel von dem riesenhaften Nachwuchs. Gott blieb zunächst nichts anderes übrig, als den Einsatz abzubrechen und die weitere Entwicklung abzuwarten. Irgendwann würden die geistigen und materiellen Leistungen hier und da augenfällig. Erst dann ließe sich in Erfahrung bringen, welcher

Schaden im Geiste der „infizierten" Menschen angerichtet wurde und dem Unternehmen Gott zuwiderliefe. Doch das dauert über Generationen. Natürlich bleibt Gott nicht im Orbit und dreht über Jahrhunderte Däumchen. Nicht die Zeit arbeitet für Gott, sondern die Relativität von Raum und Zeit. Mit seinem Eingriff in die Menschheit pflanzte er einen Baum. Wenn ich einen Baum pflanze, um mich in 10 oder 20 Jahren in seinen Schatten legen zu können, dann schaue ich auch nicht wöchentlich nach, wie weit er schon gewachsen ist.

Es spricht für die Normalität des Unternehmens Gott, dass die Sanktion 600 Erdenjahre später erfolgte. Und es spricht eindeutig gegen den allmächtigen Schöpfer im Sinne der Gläubigen.

Sie, lieber Leser, mögen sich spätestens an dieser Stelle trotz aller ungeheuerlichen Erkenntnisse zur Vierdimensionalität des Universums und aller bewiesenen Stauchungen und Zerrungen und Biegungen der Raum-Zeit-Verhältnisse fragen, wie das Unternehmen Gott es bewerkstelligen soll, dass es auf seiner Heimatbasis im Gegensatz zu den relativ gewaltigen irdischen Zeitabläufen keine nennenswerten Zeitverzüge erfährt, also dort innerhalb einer akzeptablen persönlichen Zeitspanne handelt. Natürlich gibt es keine absolut befriedigende Antwort darauf. Wir wissen nicht, von welcher Basis und mit welchen Raum-Zeit-Tricks operiert wird. Aber die prinzipiellen Möglichkeiten liefern schon lange nicht mehr die Sciencefiction-Autoren, sondern die Wissenschaft selbst. Ich beziehe mich an dieser Stelle nur mit Schlagworten auf detaillierte Ausführungen in meinem ersten Buch. Im Laufe von nicht einmal einhundert Jahren haben wir die kühnsten Sciencefiction-Annahmen zu physikalischen Realitäten erhoben. Die Relativitätstheorien, Schwarze Löcher und Wurmlöcher sind keine Spinnerei mehr. Selbst Warpantriebsbahnen in Form eines festgelegten kosmischen „Schienennetzes" sowie Zeitreisen werden ernsthaft in Erwägung gezogen. Der mexikanische Physiker Miguel Alcubierre und der russische Physiker Sergej Krasnikov haben sich eingehend mit der Theorie des Warpantriebs beschäftigt. Im Ergebnis wären zwar keine

Warpflüge „nach Lust und Laune" möglich; ein Raumschiffkommandant könnte nicht einfach den Warpantrieb aktivieren, um große Raumsprünge zu unternehmen. Denkbar seien jedoch Warpantriebsbahnen, die vor Reiseantritt installiert werden, ähnlich dem Schienennetz der Bahn. Die Raumschiffe etwaiger Superzivilisationen wären zwar an das Verkehrsnetz zwischen den Sternen gebunden, hätten aber den Vorteil, mit „Normalantrieb" in beliebig kurzer Zeit riesige Strecken zurücklegen zu können. Laut dem Princeton-Astrophysiker J. Richard Gott „wäre ein Verkehrsnetz aus Warpantriebsbahnen vielleicht sogar leichter zu realisieren als eines aus Wurmlöchern, weil Warpantriebe nur eine Veränderung des vorhandenen Raums verlangten und nicht die Schaffung neuer Löcher, die ferne Regionen miteinander verbänden." Alcubierre sieht im Warpantrieb auch ein Zeitreisenpotential. Rechnerisch ließen die Warpantriebs-Abkürzungen mit Hilfe zweier bewegter Strecken Zeitreisen in die Vergangenheit zu. Die Grundlage dieses Gedankens ist – wie bei der Wurmlochverbindung auch – die Tatsache, dass die Möglichkeit geboten wird, schneller als ein Lichtstrahl unterwegs zu sein.[72]

Der vielleicht bekannteste US-Physiker, Prof. Michio Kaku,[73] spricht sogar populärwissenschaftlich von Paralleluniversen, die nur wenige Millimeter neben uns existieren könnten, ohne dass wir etwas davon mitbekämen.[74] Wir wissen, dass aus quantenmechanischer Sicht nichts auf der subatomaren Ebene als in einem bestimmten Zustand wirklich existent bezeichnet werden kann, bis es auch beobachtet wird. Bis zu diesem Zeitpunkt können die subatomaren Partikel und damit auch alles, was aus ihnen besteht, in einer Vielzahl von Zuständen zugleich existieren. Erinnern Sie sich an das Experiment des Physikers Antoine Suarez, mit dem Ergebnis, dass es außerhalb unserer Raum-Zeit-Verhältnisse eine Intelligenz geben könnte, die unsere physikalische Realität beeinflusst. Es gibt Theorien, die für das Quantenverhalten parallel existierende Universen als Heimatwelten für die unterschiedlichen Zustände und Möglichkeiten voraussetzen. Diese könnten sich überlagern und durchdringen. Die phantastischen Phänomene wie

UFOs und Spukerscheinungen erführen damit sogar eine Erklärung. Michio Kaku schließt nicht einmal die technologische Möglichkeit aus, in sehr ferner Zukunft parallele Universen zu besuchen.[75] Warum soll die populärwissenschaftlich vorgestellte Annahme des Prof. Kaku für immer und ewig ein Hirngespinst bleiben? Es ist natürlich ein phantastischer Gedanke, aber was wäre, wenn das Unternehmen Gott mit einer solchen Möglichkeit die oben erwähnte Crux umgeht?

Ich sage nicht, dass ich die Fiktion des Prof. Kaku ernsthaft in Erwägung ziehe. Wir werden allein unserem Universum noch viele phantastische Möglichkeiten entlocken. Das Unternehmen Gott scheint es bereits geschafft zu haben. Ansonsten ist die identische Politik basierend auf derselben Ideologie mit wiederkehrend gleichen Zwischenspielen und hochtechnologieverdächtigen Umständen über Jahrtausende nicht erklärbar. Niemals sind die vielschichtig verwobenen religiösen Schriften eine erfundene Loseblattsammlung von Teegeschichten aus tausendundeiner Nacht.

Stolpersteine nach der Sintflut

Zwischen der Sintflut und Abraham galt es noch eine Anfangsschwierigkeit zu meistern. Irgendwer legte Gott Steine in den Weg, und zwar im wahrsten Sinne des Wortes. Irgendwann schaute unser Gärtner nach seinem zarten Pflänzchen „Mensch" und mit Wut im Bauch stellte er zum dritten Mal eine aus seiner Sicht unerwünschte Entwicklungshilfe fest: Pyramidengötter pfuschten ihm ins Handwerk!

So unglaublich es klingen mag: Mit unserer globalen Denkweise zum Unternehmen Gott erkennen wir möglicherweise eine Spur in der Bibel, die auf einen Kampf mit den Pyramidengöttern hinweist und die das Unternehmen Gott für das rätselhafte Verschwinden der Hochkulturen verantwortlich macht.

Wir alle kennen das seltsame Rätsel: Frühere Hochkulturen weisen abrupt eine fehlende Kontinuität ihrer Entwicklung auf. Eigentlich müsste jede Generation von der vorangegangenen gelernt haben. Trotzdem nehmen wir in der Archäologie unvermittelt und zusammenhanglos Entwicklungsstopps zur Kenntnis. Von den plötzlichen Anfängen der früheren Hochkulturen ganz zu schweigen. Zum Beispiel kann die Archäologin Laurette Séjourné in der Ingenieursarbeit der antiken Stadt Teotihuacán nahe Mexico-City weder die Maya noch die Azteken als Baumeister erkennen:

„Die Ursprünge dieser Hochkultur stellen das unzulänglichste aller Geheimnisse dar … Es ist sehr schwer, sich vorzustellen, dass der Komplex geistiger Voraussetzungen plötzlich, vollkommen ausgebildet, einfach vorhanden gewesen wäre. Wir haben keinerlei materielle Zeugnisse für diesen erstaunlichen Entwicklungsprozess."[76]

Welch ein ehrlicher Offenbarungseid! Die Aussage Frau Séjournés sollte man an alle einschlägigen touristischen Stätten dieser Erde nageln. Dort, wo uns gegen jede menschliche Logik die Beweise für außerirdisches Wirken als Prozessionswege, Opferaltäre, Ahnenkult et cetera verkauft werden. Jedem Propheten seine Vision und jedem Heiden seinen Kult. So einfach ist das, wenn die Gelehrten ihre eigene Ratio verleugnen.

Es ist seltsam. Die Masse der Menschen ist in allen Lebenslagen permanent kritisch und hinterfragend. Aber in dieser Angelegenheit traut sich offenbar niemand, mit der Vernunft seiner ganz normalen Lebenserfahrung unlogische, weil praktisch unmögliche, Vorgänge in Frage zu stellen. So ist es zum Beispiel schlichtweg nicht möglich, dass vor Jahrtausenden gewaltige Steinblöcke des Härtegrades acht mit viel weicheren, steinzeitlichen Werkzeugen bearbeitet wurden. Dabei ist der Begriff „bearbeitet" maßlos verharmlost. Es geht zum Teil um hochpräzise Arbeiten in Form des Schleifens, Polierens und Fräsens; wie mit dem Lineal gezogene Rillen, gleichmäßig breit und tief im Millimetermaß (siehe Ruinen von Puma Punku nahe Tiahuanaco/Bolivien). Trauen Sie sich. Seien Sie nicht so obrigkeitshörig. Stellen Sie Ihr geistiges Licht nicht unter den Scheffel. Ich will an dieser Stelle nicht aufbereiten oder nacherzählen, was andere mit enormen persönlichen und finanziellen Anstrengungen erhoben und publiziert haben. Wir brauchen keine teuren Reisen zu unternehmen, um uns selbst ein Bild zu machen. Das hat jemand für uns besorgt. Das soll keine kommerzielle Werbung sein, das meine ich ehrlich. Lesen Sie zum Beispiel *„Die Spuren der Außerirdischen"* oder die *„Götterdämmerung"* von Erich von Däniken. Ich greife in diesem Abschnitt auf seine Leistungen zurück, ohne die wir keinen Deut weiter wären und die er absolut glaubhaft nicht ausschließlich für seinen Geldbeutel, sondern in erster Linie für die allgemeine Erkenntnis veröffentlicht hat. Und wer mit einem kleinen Budget versehen oder einfach nur mangels Zeit trotzdem über das geistige Auge hinaus die von EvD untersuchten Stätten begehen möchte, dem empfehle ich einen ganztägigen (!) Ausflug in den Mystery Park (JungfrauPark) bei Interlaken in der Schweiz.

In der Einleitung dieses Buches sprach ich von Anhaltspunkten, die den Schöpfer im monotheistischen Glauben mit den rund um den Erdball agierenden Pyramidengöttern ebenso auseinanderdividieren wie über eine gemeinsame Schnittmenge zusammenkommen lassen.

Was ist typisch und was ist atypisch für unseren galaktischen Sektenführer? Die Beweggründe des Unternehmens Gott und die Art und Weise der Umsetzung sind uns vertraut. Insbesondere die Kanalisierung des weltanschaulichen Denkens auf den weltanschaulichen Alleinvertretungsanspruch des Führers.

Gott hätte in den Anfängen nicht an mehreren Fronten zugleich agiert. Das wäre nicht pragmatisch. Er musste zuerst eine große, regionale Volksbasis schaffen, die sich in der geistigen Sache von selber nährt und verbreitet. Das ist de facto vom Sprungbrett Israel aus geschehen; letztlich über Jesus und Mohammed.

Stellen Sie sich nun eine außerirdische Konkurrenz zum Unternehmen Gott vor. Eine anderweitige außerirdische Macht, die lediglich möchte, dass die Menschen sich geistig und technologisch schneller entwickeln. Warum? Aus einem ähnlichen Grund, wie das Unternehmen Gott auch: Schaffung eines wirtschaftlichen und strategischen Stützpunktes bei der Kolonisierung des Weltalls. Allein die Vorgehensweise ist eine ehrlichere. Je eher und je besser die Menschen sich deren Wissenschaftsniveau annähern, desto eher kann eine sinnvolle Allianz in Angriff genommen werden. Möglicherweise geht das mit dem Versprechen einer Wiederkehr einer, welches auch diese Götter hinterließen. Das ist ein normales politisches Vorgehen. Wir müssen einfach nur über die Grenzen unserer Erde hinausdenken. Wie würden die Allianzsuchenden vorgehen? Im Gegensatz zum Unternehmen Gott würden sie sehr wohl verschiedene zivilisatorische Machtzentren aufsuchen und kräftig Nachhilfe geben. Aber ohne Hokuspokus und ohne göttlichen Budenzauber. Naturwissenschaften pur. Womöglich gibt oder gab es zwei Parteien, die Interesse an uns haben.

Die typische Leitlinie Gottes können wir allgemein aus seinem sekten-artigen Vorgehen ableiten. Die „gefallenen Engel" verstießen dagegen. Sie konterkarierten die für den Menschen vorgesehene Gehirnwäsche. Sie gaben naturwissenschaftlichen Unterricht bis hin zu den ehrlichen kosmischen Anschauungen. So lehrte *Kokabeel die Astrologie* und *Baraael das Sternschauen*. Das Unternehmen Gott verurteilte diesen Verrat auf das Schärfste.

Doch gerade dieses Wissen finden wir reichlich in den Hinterlassen-schaften der Pyramidengötter. Zum Beispiel darf man Teotihuacán, eine ehemalige Stadt im mexikanischen Bundesstaat Mexico, als das Sonnensystem en miniature bezeichnen.[77] Die Standorte der Pyrami-den repräsentieren die durchschnittlichen Bahndaten unserer neun Planeten inklusive dem Asteroidengürtel zwischen Mars und Jupiter. Wir haben den Pluto erst Anfang des 20. Jahrhunderts entdeckt. Dieser Lehrstoff stand für Henoch nicht im Curriculum der göttlichen Aka-demie.

Hingegen soll in Palenque, eine bedeutende Stadt der Maya im heuti-gen mexikanischen Bundesstaat Chiapas, sehr wohl eine Hochschule mit himmlischen Lehrmeistern, den „Kachinas", zum Zweck der Lehre von den Geheimnissen des Universums existiert haben.[78] Das zugewie-sene Gebäude, „El Palacio", steht heute noch am Ort. Vielleicht erklärt es sich so, dass in der Bibel der Mayas, das Popol Vuh, der Beginn der Schöpfung nicht von einem Gott oder den Göttern abhängig gemacht wird. Mit den Worten einer uralten Zivilisation beschreiben die Maya im Prinzip einen natürlichen evolutionären Prozess, aus dem auch die Götter hervorgegangen sind. Diese waren einfach nur ungewöhnlich gewöhnliche Schöpfer und Lehrmeister aus dem Weltraum. Natürlich erhielten sie darüber den Götterstatus. Diese hohe Stellung sprach der skeptische Jesus dem „lieben Gott" auch nicht ab. Erinnern Sie sich: Im Judasevangelium degradiert Jesus Gott zu einem Geschöpf der kosmischen Entfaltung. Eine interessante Parallele im wahren Umgang mit den Göttern!

Wenn wir die Hypothese von der Allianz annehmen, dann müssten die „Götter" der Maya auch anderenorts gewirkt haben. EvD hat entsprechende Spuren festgestellt. Die megalithischen Monumente der Festung Sacsayhuamán in Peru entsprechen der Bauweise des Schutzwalls der Hethiter in Anatolien und den Grundmauern des Tempels von Martand im Hochland von Kaschmir. Entweder haben Handwerker auf der Walz ihre Erfahrungen interkontinental ausgetauscht oder die Inka und die Hethiter haben mit ihren Behauptungen Recht und es handelt sich um Orte, die von den Göttern bewohnt waren. Wir sprechen von Entfernungen zwischen 5.000 bis 20.000 km Luftlinie. Welcher Variante geben Sie den Vorzug: Handelten Steinmetze auf der Walz oder überbrückten die „Götter" mit ihren zahllos beschriebenen Fluggeräten die Entfernungen?

Wie steht es um die Sprösslinge der Riesen nach der Sintflut? Denen muss es doch förmlich in den Fingern gejuckt haben, als die Pyramidengötter Denkanstöße gaben. Ich könnte mir vorstellen, dass sie aufgrund ihrer Abstammung geistig firm waren. Das wären sachkundige und routinierte Vorarbeiter gewesen.

Es gibt einen interessanten Hinweis. Ich schulde Ihnen noch eine Sintfluterzählung mit Beteiligung von Riesen. In der Überlieferung würde man eine wesentliche Sache konkret beim Namen nennen:

Aus der Umgebung von Cholula, Mittelamerika, wird berichtet, dass zur Zeit der Sintflut Riesen das Land bevölkerten. Wenige Riesen konnten sich dem Tod durch die Sintflut entziehen, indem sie sich in den Höhlen des Berges Tlaloc einschlossen. Einer von ihnen war *„Xelhua, der Baumeister. Er ging nach Cholula und begann einen künstlichen Berg zu errichten, als ein Denkmal für den Tlaloc, der sie beschützte, als die Flut überall das Land bedeckte. Als der künstliche Berg sich bis zu den Wolken zu erheben drohte, da sandten die Götter Feuer und vernichteten viele der Erbauer. Daher steht die Pyramide von Cholula heute nur halb vollendet da."*[79]

113

Ein riesenhafter Baumeister errichtet einen künstlichen Berg nach der Sintflut. Eine steinerne Pyramide hat mehr oder weniger die Form eines künstlichen Berges. Der letzte Satz bestätigt die Assoziation. Das Wesentliche an der Sache ist, dass der Sachverhalt bedeutungsgleich mit dem Turmbau zu Babel gesehen werden kann. Beide Sachverhalte könnten die Annahme rechtfertigen, dass das Unternehmen Gott verantwortlich für das abrupte Ende der damaligen Hochkulturen war. Die Summe beider Berichte in Verbindung mit den vielfältigen Erkenntnissen zur außerirdischen Hochtechnologie rund um die Pyramidenkultur auf der Erde und dem Verständnis für die Politik des Unternehmens Gott lässt den biblischen Bericht in einem klaren Licht stehen. Lesen wir zunächst 1. Mose 11,1 bis 8 im Überblick:

1. *Und die ganze Erde hatte eine Sprache und einerlei Worte.*

2. *Und es geschah, als sie nach Osten zogen, da fanden sie eine Ebene im Lande Sinear und wohnten daselbst.*

3. *Und sie sprachen einer zum anderen: Wohlan, lasst uns Ziegel streichen und hart brennen! Und der Ziegel diente ihnen als Stein, und das Erdharz diente ihnen als Mörtel.*

4. *Und sie sprachen: Wohlan, bauen wir uns eine Stadt und einen Turm, dessen Spitze an den Himmel reiche, und machen wir uns einen Namen, dass wir nicht zerstreut werden über die ganze Erde!*

5. *Und Jehova fuhr hernieder, die Stadt und den Turm zu sehen, welche die Menschenkinder bauten.*

6. *Und Jehova sprach: Siehe, sie sind ein Volk und haben alle eine Sprache, und dies haben sie angefangen zu tun; und nun wird ihnen nichts verwehrt werden, was sie zu tun ersinnen.*

7. *Wohlan, lasst uns herniederfahren und ihre Sprache daselbst verwirren, dass sie einer des anderen Sprache nicht verstehen!*

8. *Und Jehova zerstreute sie von dannen über die ganze Erde; und sie hörten auf, die Stadt zu bauen.*

Ist es nicht seltsam? Nach Noah hatte Gott doch nur eines im Sinn:

„Ihr nun, seid fruchtbar und mehret euch, wimmelt auf der Erde und mehret euch auf ihr!" (1. Mose 9,7)

Mit anderen Worten: Endlich war Ruhe im Karton und die neu ausgerichtete Kultur sollte reifen. Eine Kultur stellt die Gesamtheit der geistigen, materiellen und sozialen Leistungen einer Völkergemeinschaft dar. Das bedingt eine gute Verständigung. Und tatsächlich: Laut Bibel hatte die Menschheit sich nach unserem Verständnis positiv entwickelt, und zwar sowohl kulturell als auch wissenschaftlich (… *sie sind ein Volk und haben alle eine Sprache und nun wird ihnen nichts verwehrt werden, was sie zu tun ersinnen …*). Aber seltsam, genau das war Gott plötzlich ein Dorn im Auge. Warum? Weil er im Zuge eines Controllings den Fremdeingriff registrierte.

Die weltweit bekannte Methode, sich über Laute zu verständigen, dürfte Gott nicht verurteilt haben. Natürlich bildeten sich Einzelsprachen und Sprachfamilien. Das ist eine normale Entwicklung. Aber denken wir zum Beispiel an die Raumsonde Voyager 1 und die Mitteilung auf der beigefügten Golden Record. Das ist eine Datenplatte mit Audio-Informationen über die Menschheit. Auf der Vorderseite befindet sich unter anderem eine Gebrauchsanleitung. Logischerweise bedarf diese Information einer universalen Sprache. In technologischen und wissenschaftlichen Dingen kann man sehr wohl eine Sprache konstruieren, die verschiedenen Personen mit verschiedenen natürlichen Sprachen bei Planungen, Entwürfen und Entwicklungen zur Verständigung dient. Insbesondere die Mathematik verwendet

eine ganz spezielle Zeichensprache, die lange Sätze kurz und über-
sichtlich darstellen kann. Es können Zusammenhänge erkannt und
Schlussfolgerungen abgeleitet werden.

Diese Art von Sprache war erforderlich, als die Pyramidengötter na-
turwissenschaftliche Kenntnisse vermittelten. Weltweit gleiche In-
spirationen ließen auch weltweit ähnliche Bauten entstehen, eben
die Pyramiden mit einem nur allzu häufigen Bezug zu den göttlichen
Lehrmeistern. Der so genannte „Turmbau zu Babel" könnte sinnbildlich für die Pyramidenbauten mit den für die damaligen Zeiten
untypischen astronomischen, mathematischen und physikalischen
Fähigkeiten und Kenntnissen stehen. Die Flutlegende aus der Umgebung von Cholula spricht es sogar deutlich aus. Das hohe Bau-
werk „drohte sich über die Wolken zu erheben". Das kann nur eine
sinnbildliche Umschreibung für den nicht gottgewollten Blick in die
kosmische Realität sein. Diese fragwürdige Bedrohung wurde mit
einem vernichtenden Feuer aus dem Himmel ausgeräumt. Viele der
Erbauer starben. *Daher steht die Pyramide von Cholula heute nur halb
vollendet da.*

Der Satzteil aus 1. Mose 11,6 ist doch bezeichnend: *„... und dies haben
sie angefangen zu tun ..."* Was war denn das *dies*? Laut Gott stand es
für den Turmbau bis in den Himmel.

Jetzt mal ehrlich, der „liebe Gott", der Schöpfer des Universums, soll
sich daran gestoßen haben, dass seine Schäfchen im Sandkasten mit
Förmchen Türmchen bauten? Hätte er nicht gütig lächelnd die Nai-
vität seiner Kinder betrachten müssen, dazu ein leichtes Kopfschüt-
teln, verbunden mit einem dreimaligen vergebenden Schnalzen der
Zunge?

Es kommt noch besser. Gottes Befürchtung lautete: Wenn sie *dies* weiterhin vorantreiben, dann *wird ihnen nichts verwehrt werden, was sie zu
tun ersinnen.*

Wie bitte? Da baut man mit kindlicher Unbefangenheit einen harmlosen Turm und Gott spricht von einer konkreten Gefahr anstatt von einer bloßen Anmaßung! Die Bibel lässt sich nicht anders interpretieren. Gott prangerte im Zusammenhang mit dem Turmbau das erworbene Wissen der Menschen an. Er befürchtete in der Tat, dass man schneller als von ihm geplant unter seinen Rock schaute oder zumindest an der Himmeltür kratzte, das heißt noch vor der „sittlichen Festigung" der Volksgemeinschaft. Ein schwindender Respekt wäre die Folge gewesen. Die Gottesnummer und der Bund waren in Gefahr.

Für das Ende der Hochtechnologie zeichnet Gott selbst verantwortlich. Mit der Sprachverwirrung verhängte er einen Baustopp. Entweder geschah der Eingriff noch während der Anwesenheit der außerirdischen Konkurrenten oder nach deren Abflug.

Im letztgenannten Fall hätte Gott ein einfaches Spiel gehabt, den Schaden zu begrenzen. Man isolierte, deportierte oder eliminierte führende Köpfe oder maßgebliche Teile der Völker oder sogar ein ganzes Volk. Die (wissenschaftliche) Sprachverwirrung wäre die Folge gewesen, weil damit der wissenschaftliche Informationsfluss unterbrochen war. Die versprochene Wiederkehr der göttlichen Lehrmeister würde dann noch ausstehen. Aber selbst bei diesem Gedanken kann das ganz normale Leben einen Strich durch die Rechnung machen. Das Leben der Pyramidengötter ist ebenfalls geprägt von wirtschaftlichen, politischen und strategischen Erwägungen. Knappe Ressourcen oder neue Regierungen mit veränderten politischen Ausrichtungen könnten die Rückkehr ebenso ausfallen lassen, wie Hinderungsgründe natürlicher Art (Katastrophen, große Schadensereignisse).

Im erstgenannten Fall wäre das Unternehmen Gott im Zuge seines von Zeit zu Zeit stattfindenden Controllings mit der göttlichen Konkurrenz aneinandergerasselt. Ein Krieg unter Göttern wäre die Folge gewesen. Die Inder beschreiben in ihren alten religiösen Schriften ein solches

Szenario äußerst lebendig. Der Verstand des 21. Jahrhunderts lässt es den Sanskritgelehrten wie Schuppen von den Augen fallen. Keine fliegenden Pferde und auch nicht des Adlers Fittiche werden beschrieben, sondern metallene Fluggeräte, Motoren für Flugapparate, deren Energie aus Quecksilber bezogen wird, Tarnkappentechnologie, Schutzschildtechnologie, futuristische Waffentechnik und vieles mehr.[80] Das indische Epos Ramayana berichtet von der neuzeitlich anmutenden Auswirkung eines göttlichen Waffenganges. In der Übersetzung des Ramayana von 1892 bis 1894 (!) heißt es:

„Ein Blitz, ‚stärker als die Glut von hunderttausend Sonnen', tötet nicht nur den Fürsten der Rakshasas, er legt auch die ganze Stadt in Trümmer, verwandelt Titanen und Menschen in Staub. Die Feuer bewirkten, dass den Überlebenden die Haare vom Kopf, die Nägel von den Fingern fielen, dass sich das Gefieder der Vögel bleiche, ihre Krallen rot färbten. Die Krieger, Freund und Feind, warfen sich in Flüsse und Seen, um der Glut zu entrinnen; sie reinigten sich ihre Kleider, alles, was sie berühren mussten, doch es half ihnen wenig. Die Gewässer verdampften, und wer dem Feuer entkommen war, starb doch später unter furchtbaren Qualen."[81]

Das erinnert an einen atomaren Waffenschlag. Und wie passend: Die mythischen Überlieferungen des indischen Raumes geben einen Hinweis auf die Störung des Schöpfergottes durch negative Geister. Verschiedene Götter hätten Unruhe unter die Menschen gebracht, was ihre „Unberührtheit" schließlich beendete.[82] Das ist der Grundsachverhalt in Sachen „Turmbau zu Babel". Die Anlässe sind identisch, egal ob in Amerika, Mesopotamien, Indien und wer weiß noch wo. Das ist aber auch normal, schließlich sprechen wir über den Zankapfel Erde. Das Kampfgetümmel in der Offenbarung des Johannes könnte ebenfalls auf den Krieg der Götter beruhen.

Vielleicht erklärt sich damit sogar die bedeutende Ruinenstätte Puma Punku nahe Tiahuanaco/Bolivien. Ich erwähnte bereits den Ort einer Prä-Inka-Kultur. Riesige Monolithe, unter anderem aus Granit und

Diorit, waren vor Urzeiten dazu bestimmt, fugenlos ineinanderzu-greifen. Dabei sehen sie geschliffen und poliert aus, wie in einer Form gegossen. Es ist ein Fakt, dass aus der Antike kein Werkzeug bekannt ist, welches härter als Diorit war und somit den Stein des Härtegrades acht auch nur oberflächlich hätte ritzen können. Niemand kann sich vorstellen, wie die zum Teil millimeterfeinen Arbeiten an den Steinen vollzogen wurden. Selbst wir könnten die schnurgraden Rillen, Zap-fenlöcher und Aussparungen nicht ohne moderne Fräsen, Bohrer und Stahlschablonen durchführen. Indianische Überlieferungen haben eine Erklärung für das archäologische Rätsel auf 4.000 Meter Höhe: Demnach sei Puma in einer langen Nacht von den Göttern erbaut worden. Heute ist Puma Punku ein Trümmerfeld. Die Überlieferun-gen sprechen auch die Zerstörung den Göttern zu. Wenn dem so ist, dann machen nur zwei Götterparteien Sinn: die Erbauer und die Zerstörer.

Leider dürfen wir annehmen, dass das Unternehmen Gott als Sieger in dem Gezerre um unseren Planeten hervorging. Schließlich agierte man von Abraham bis zur Neuzeit ungestört. Die letzte Controlling-maßnahme fand in Fatima statt.

Stichwort Fatima! In Fatima hatten wir die seltsame Verfinsterung des Himmels am Tage, so wie zu zwei anderen Begebenheiten auch (bei Henoch und bei Jesus). Ich erwähnte eine Untermauerung der Vorfälle mit einem Hinweis auf die Waffenkammer Gottes. Es gibt eine Mitteil-lung in der altindischen Literatur auf eine Apparatur der Götter, mit der sie den helllichten Tag in Dunkelheit verwandeln konnten. [83] Das ist ein bedeutender Anhaltspunkt, der die Annahme vom „Zankapfel Erde" rechtfertigt. Ständig reden wir von Globalisierung. Ich denke, es wird Zeit, dass wir die altindischen Schriften und die Religionsbücher des Monotheismus zu einem logischen Drehbuch verarbeiten.

Verfolgen wir noch einen konsequenten Gedanken zum vielbesagten Mayadatum 21.12.2012. Die Priester der Maya haben ihr erstaunliches

Wissen über Jahrhunderte mündlich bewahrt. Lange Zeit waren den staatlichen Machthabern die Rituale suspekt. Erst seit 1987 dürfen die Priester der Maya ihre uralten Rituale wieder öffentlich abhalten. Vor wenigen Jahren rief der geistige Führer zu einem historischen Treffen. Vierhundert Träger des geheimen Wissens der indianischen Völker Nord- und Südamerikas versammelten sich und machten ihre Botschaft von der Zeitenwende der westlichen Welt zugänglich.[84] Am 21.12.2012 endet für die Maya ein Jahrtausende alter Kalenderabschnitt. Angeblich sei der Auslauf des derzeitigen Kalenders prädestiniert für die Rückkehr der Götter. Laut einem der Chilam Balam-Bücher stiegen die Götter *„...von der Strasse der Sterne hernieder. Sie sprachen die magische Sprache der Sterne des Himmels. Ihr Zeichen ist unsere Gewissheit, dass sie vom Himmel kamen. Und wenn sie wieder herniedersteigen, werden sie neu ordnen was sie einst schufen."*[85]

Wenn das Unternehmen Gott siegte, und davon müssen wir leider ausgehen, dann findet die Rückkehr jener Götter nicht mehr statt.

Ein mögliches Indiz für den Sieg Gottes möchte ich hintenan stellen. Es beruht auf eine Idee des Schriftstellers und Ingenieurs für chemische Technologie, Dieter Bremer, zu Gottes Verfügung, dass der Mensch kein Fleisch von Schweinen essen soll (vergleiche 3. Mose 11,7 und 5. Mose 14,8). Dieter Bremer schlägt einen interessanten Bogen zur Gegenwart. Er verweist auf das nunmehr seit 25 Jahren in Bayern geltende Verbot, bayrisches Wildschweinfleisch in den Lebensmittelhandel zu bringen.[86] Der Hintergrund ist der Supergau im ukrainischen Atomkraftwerk Tschernobyl am 26. April 1986. Das radioaktive Jod mit einer Halbwertszeit von acht Tagen spielt keine Rolle mehr. Cäsium 137 hat eine 30-jährige Halbwertszeit und es ist im Boden noch verfügbar. Die Belastung der Böden ist vor allem im Süden Bayerns nachweisbar. Nach Angaben des Bundesamts für Strahlenschutz überschreiten etliche Pilzarten die Grenzwerte. Besonders belastet aber sind nach wie vor Wildschweine. Diese Tiere nehmen durch die Art ihres Fressens das noch vorhandene Cäsium stark auf. Sie gehen beim Fressen von

Eicheln und Wurzeln tief in den Boden hinein. Auch fressen die Tiere besonders gern sogenannte Hirschtrüffel sowie Maronenröhrlinge, die als Radionuklidsammler gelten. Somit erwischen sie vielmehr an Radionuklide als zum Beispiel Rehe. Nach Einschätzung des Bundesamts für Strahlenschutz wird die Belastung bis 2030 nicht signifikant zurückgehen. Auch im Winter 2010/2011 mussten erlegte Wildschweine vernichtet werden, weil sie verstrahlt waren.[87]

Worauf will ich hinaus und warum erkenne ich in dieser Sache ein Indiz für den Sieg Gottes über die göttliche Konkurrenz? Auch Dieter Bremer realisiert in den alten religiösen Schriften (zum Beispiel in der oben genannten Übersetzung aus dem Ramayana) die Beschreibung der fatalen Auswirkungen atomarer Explosionen.

Was wäre, wenn in dem von mir favorisierten Götterkrieg tatsächlich atomare Waffen zum Einsatz kamen? Der Sieger hätte natürlich weiterhin ein Interesse an uns und unserer Erde gehabt. Konsequenter Weise hätte er zum Schutz der Menschen ebenso ein Schweinefleischverbot verhängt, wie es unsere Strahlenschutzbehörde derzeit praktiziert. Der „liebe Gott" zeichnet sich verantwortlich für den „Schweinefleischerlass" im Alten Testament. Vielleicht ist das ein weiteres Indiz für die Oberhand des Unternehmens Gott im Gezerre um unseren Planeten. Die Verfügung Gottes wurde damals und in der Folgezeit selbstverständlich unreflektiert befolgt und schriftlich bewahrt und so finden wir die Vorschrift noch heute in unserer Bibel bzw. im Tanach oder im Koran.

Nachwort

Während der Erstellung meiner beiden Bücher zum Unternehmen Gott hatte ich nie einen fertigen Rahmen im Sinn, den es mit Leben zu füllen galt. Mir war zu keiner Zeit ein ausgefeiltes Konzept präsent und ich war häufig genug über meine eigenen Schlüsse und Ergebnisse im Fortgang des Geschehens erstaunt. Das ist auch an dieser Stelle wieder so: Plötzlich stehe ich vor der Cheopspyramide und ihren beiden Pendants.

Der Gott der Genesis, der Sintflut und Noahs, Abrahams, Mose und so weiter hat mit meinen beiden Büchern ein einschlägiges Profil erhalten. Er ist so aalglatt, wie die großen Pyramiden von Gizeh es einst waren, und er ist so undurchschaubar wie die Verwalter der großen Pyramiden heutzutage. Warum sage ich das? Ich möchte den bis hierher verwendeten Begriff „Pyramidengötter" ändern in „Tempelgötter".

Lesen wir noch einmal die erste Bibelaussage in Sachen Turmbau. Laut 1. Mose 11,1 hatte *die ganze Erde eine Sprache und einerlei Worte*. Demnach sprach Gott nicht von einem lokalen Ort und somit auch nicht von einem konkreten Turm. Ganz sicher dürfen wir keinen strengen Maßstab an die offizielle Definition des Begriffes „Turm" anlegen. In der Gesamtschau aller Dinge ergibt der Blick auf die Pyramiden-/Tempelkultur rund um die Erde Sinn. Viele Bauwerke repräsentieren nur zu deutlich die göttlichen Lehrmeister, die die Menschen herausragende Kenntnisse nicht zuletzt astronomischer Art lehrten. Göttliche Lehrmeister, die einfach nur die Entwicklungshilfe zum Selbstzweck im Sinn hatten. Ihnen war nicht an Ratespielen und Mysterien gelegen, was wiederum typisch für das Unternehmen Gott ist.

Bevor ich fortfahre, möchte ich deutlich sagen, dass jeder Autor ab einem dem Thema angemessenen Umfang einen Schlussstrich ziehen sollte. Ich habe bereits einen gewissen Verdacht anklingen lassen. Es wäre ein Fehler, wenn ich mich nun in das Pyramidenthema vergrübe, indem ich zahllose Informationen und Textmaterial extrahiere. Der Leitgedanke meines Buches würde von der Vielfalt aller sachlich-intellektuellen, emotionalen und wertmäßig-kulturellen Fakten überschattet. All die (Verschwörungs-)Theorien, Streitereien, Beschimpfungen und Rechthabereien rund um die Pyramiden von Gizeh würden Nebenkriegsschauplätze eröffnen, die den Kriegsschauplatz des Unternehmens Gott in den Hintergrund treten ließen.

Es ist nur der Ausdruck eines Bauchgefühls aufgrund der Unterscheidung von typischen und atypischen Umständen, wenn ich sage, dass wir in dem Wirrwarr aller Turmbauten zwischen echten und unechten Pyramiden unterscheiden müssen. Dabei darf unser Augenmerk sich weiterhin nur auf die ursprünglichen götterverdächtigen Bauwerke richten. Nicht auf die Nachbauten reicher Privatleute zur Erhöhung ihrer persönlichen sozialgesellschaftlichen Stellung. Und auch nicht auf die Fortsetzung der Pyramiden- / Tempelkultur aufgrund der „göttlichen" Erfahrungen. Wie sah es in der Zeit vor Abraham aus, also mindestens 2500 vor Christus und noch weit davor?

Gott verurteilte die universale Sprache der Wissenschaft rund um die ganze Erde, also überörtlich. Die überörtlich anzutreffenden Turmbauten sind ausnahmslos Stufenpyramiden. Der Unterschied zwischen den überörtlich gebauten Stufenpyramiden beziehungsweise Tempeln und den drei markanten echten Pyramiden an einem lokalen Ort namens Gizeh ist offenkundig:

Eine echte Pyramide ist gegeben, wenn sich die vier, auf einer quadratischen Grundfläche befindlichen, dreieckigen Seitenflächen in einer gemeinsamen Spitze treffen. Die allseits abgeschrägten Oberflächen haben einen ungefähren Neigungswinkel von 50 Grad.

Die Seitenflächen der Stufenpyramiden sind keine glatten Seitenflächen (die drei bekannten Pyramiden von Gizeh waren einst mit polierten Kalksteinplatten verkleidet), und sie treffen sich nicht in einer gemeinsamen Spitze. Die Grundrisse sind überwiegend rechteckig oder gar oval und die Seitenflächen haben Treppenkonstruktionen, manchmal einseitig, häufig aber auch paarweise gegenüberliegend oder auch an allen vier Seiten. Manche Treppen führen ohne Unterbrechung zur Tempelplattform und andere Treppen werden durch Podeste in mehrere Treppenabsätze unterteilt.

Das Kerngebiet der Stufenpyramiden liegt eindeutig in Zentral- und Südamerika. Eben dort, wo das auffällige Spiegelbild zur biblischen Turmbauerzählung im Umlauf ist (s. o.: „Xelhua, der Baumeister" aus der Umgebung von Cholula).

Die Pyramiden von Gizeh sind wegen ihres lokalen Standortes und ihrer individuellen Bauart nicht die Türme, die Gott verurteilte. Zudem haben sie – im Gegensatz zu den Stufenpyramiden – keinen offenkundigen götterbezogenen Zweck.

Den Totenkult in allen Ehren, aber vor den drei bekannten Pyramiden von Gizeh und auch danach baute man die rund 80 ägyptischen Pyramiden eher in einem verhältnismäßigen Rahmen. Manchmal nur um die 20 Meter breit und fünf bis zehn Meter hoch; auch wenn man sich je nach Status oder Machtstreben zum Teil erheblich überbot. Zudem schuf man vor und nach den drei maßgeblichen echten Pyramiden von Gizeh mit wenigen Ausnahmen Stufenpyramiden.

Es ist eher lebensfremd anzunehmen, dass ein Pharao nebst Sohn und Enkel (Cheops, Chephren und Mykerinos) vollkommen abrupt und mit allen bekannten oder noch nicht veröffentlichten oder gar noch unbekannten Finessen versehen, einen Peak in Form eines Weltwunders setzten. Die Pyramiden von Gizeh sind einzigartig und sie heben sich in ihrer Kompliziertheit untypisch von der Masse der Totenkulte ab.

Unser galaktischer Führer war schon immer recht eigen mit „seiner" Erde. Er duldet weder andere Götter noch Türme mit Götterbezug. Sein krankhaftes Besitz- und Machtstreben findet seinen Ausdruck in den schnellen Wechseln von Mord und Zuwendung. Der selbsternannte Schöpfer allen Seins ist ein Despot, der Gott spielt. Nur er setzt den Menschen die Schöpfungskrone auf. Aber was mache ich als Gott, wenn überall kleine Götterthrone gebaut werden, auf denen die Menschen beim fehlgeleiteten Blick nach oben die Schöpferkrone abschütteln?

Die Sprachverwirrung war die Pflicht. Die Kür wäre das Setzen eines Ober-sticht-Unter-Denkmals anstelle der dumpfen Vernichtung eines jeden unbedeutenden Steinhaufens. Ein einzigartiger Komplex echter Gottestürme, so verschlungen und verflochten, dass es kaum noch fassbar ist. Das wäre typisch für das Unternehmen Gott. Die Wiederkehrversprechen Gottes sind lautstark und eindeutig formuliert und nicht zuletzt mit den Drohungen eines Aggressors durchzogen.[88]

Stellen Sie sich vor, Sie wären Gott und Sie hätten die Wiederkehr ernsthaft im Sinn. Hätten Sie sich nicht auch weit im Vorfeld einen Bezugspunkt gesetzt? Zum Beispiel in Form eines Denkmals, das Jahrtausende überdauert? Eitelkeit und Pragmatismus gehen hiermit einher. Der Bezugspunkt „Gizeh" wäre ganz sicher nicht nur psychologischer Art. Unter Umständen erfüllen die ältesten und letzten existierenden Weltwunder der Antike sogar bis zur Rückkehr einen praktischen Dienst. Henoch überliefert uns einen Hinweis auf ein wichtiges Versteck:

„Und ich gebe dir, Henoch, meinen Archistrategen Michael zum Vermittler für deine Handschrift und für die Handschriften deiner Väter Adam und Seth und Enos, Kainan, Maleleil und Jared, deines Vaters. Und sie werden nicht vernichtet werden bis zur letzten Zeit, weil ich [dies] meinen beiden Engeln Ariuch und Pariuch geboten habe, die ich auf der Erde für sie zu Wächtern eingesetzt habe. Und ich befahl, dass sie sie die Zeit über

schützen sollen, damit sie nicht vernichtet werden in der künftigen Flut, die ich anrichten werde in deinem Geschlecht."

Die *letzte Zeit* könnte die versprochene Wiederkehr sein. Bis dahin wäre der Raum in oder unter den großen Pyramiden von Gizeh unter anderem ein gigantischer Büchertresor. Wir alle kennen den interessanten Fakt: Das beste Versteck ist der Ort, den man direkt vor der Nase hat. Möglichst so groß, dass man es in seiner Präsenz schon wieder übersieht. Der Chef der Altertumsverwaltung sollte die Einwohnermeldeliste für die Pyramiden von Gizeh noch mal zur Hand nehmen. Unter Umständen muss er um Ariuch und Pariuch ergänzen. Der Hauseigentümer wäre kein Geringerer als Gott. Lassen Sie es sich noch einmal auf der Zunge zergehen: Der „liebe Gott", der Adressat unserer Gottesdienste, dürfte mit seinen „Engeln" die großen Pyramiden von Gizeh erbaut haben. Konsequenterweise noch vor der Sintflut.

Das Unternehmen Gott hat mit meinen beiden Büchern Charakter und Kontur erhalten. Seine Macht und sein Einfluss sind ungebrochen. Vielleicht dient meine Aufbereitung des Unternehmens Gott neben vielen anderen Denkanstößen auch als ein Aufhänger, das Profil des Unternehmens Gott der Silhouette von Gizeh überzustülpen. Möglicherweise gibt es unerklärbare Zusammenhänge im Zeitablauf der bisher erhobenen Daten zu den großen Pyramiden. Irgendwelche Fragezeichen, die erst mit dem Blick auf das raum-zeit-relativistische Auftreten des Unternehmens Gott und mit dem Gespür für dessen Politik erklärt werden können. Mich würde es nicht wundern, wenn meine Annahmen von naturwissenschaftlicher Seite oder aufgrund mir noch nicht bekannter Schriften bestätigt werden.

Ich möchte mit einem abschließenden Gedanken eine Spekulation in den Raum stellen: Könnte es sein, dass die Arche Noah ein Dreimaster der besonderen Art ist? Die Pyramiden von Gizeh wären die Masten und das geheimnisvolle Plateau von Gizeh mit dem angeblich unerforschten riesigen Gänge- und Höhlensystem stellt den Rumpf dar, der im wahrsten Sinne des Wortes der Archivierung dient. Die Archivare der Arche hat Gott selbst benannt: Ariuch und Pariuch. Negieren Sie diese Idee nicht mit dem angeblich feststehenden Alter der Pyramiden und auch nicht mit der angeblich sicheren Erkenntnis, dass Cheops und seine Verwandtschaft die Bauherren waren. Lassen Sie sich auch nicht von der Bauanleitung der Arche in der Bibel nebst Ankerplatz auf dem Berg Ararat verunsichern. Es könnten gesetzte Trugspuren sein. In Henoch und auch in einigen Sintflutsagen konfrontierte ich Sie mit der interessanten Aussage, dass Engel die Handwerker der Arche waren. Erinnern Sie sich an den göttlichen Klaps auf den Archehintern? („... *und Jehova schloß hinter ihm zu*", 1. Mose 7,16). Ein Synonym für den Schlussstein bei der Fertigstellung der Pyramiden? Möglicherweise wäre das eine Erklärung für die rätselhafte Bauleistung und für den Verbleib der Arche zugleich.

Fazit

Filtern wir die Bibel nach dem Begriff „Heerscharen", so werden wir 281-mal fündig, wenn wir von *„Jehova, dem Gott der Heerscharen"* lesen. Der Prophet Jesaja spricht die Heeresmacht unverblümt an:

*„Horch! Ein Getümmel auf den Bergen, wie von einem großen Volke; horch! Ein Getöse von Königreichen versammelter Nationen: **Jehova der Heerscharen mustert ein Kriegsheer**, aus fernem Lande Gekommene, **vom Ende des Himmels**, Jehova und die Werkzeuge seines Grimmes …"* (Jesaja 13,4)

Betreiben wir noch einmal das Gedankenspiel vom wiederkehrenden Gott, zunächst hinter verschlossenen Türen vor politischen Drahtziehern von Weltformat.

Der Kommandant stellt sich vor und sagt:

„Liebe Leute, ich bin der Gott der Genesis. Eure Evolution ist mein Werk. Ich bin verantwortlich für den Entwicklungssprung in der Menschwerdung. Hier bin ich mit meinen Heerscharen. Mein Reich ist gekommen, mein Wille geschehe, jetzt nicht mehr nur im Himmel, sondern auch hier auf der Erde."

Glaubt jemand ernsthaft daran, dass in dem Fall von irgendeinem staatlichen Machthaber der Spruch fallen würde:

„Das ist doch ein außerirdisches Himmelsspektakel. Ich kündige den Bund!"

Wenn die Gottesnummer so lebendig ist, wie ich es in meinen beiden Büchern dargelegt habe, dann ist Gott ebenso real und mächtig wie auch gut und böse zugleich. Er geizte mit Todesschlägen ebenso wenig, wie mit Belohnungen und Versprechungen. Welches irdische Staatsoberhaupt würde vernichtendes Feuer von den *Werkzeugen seines Grimms* der Chance auf einen außerirdischen Bund vorziehen? Wer sich auf die Zusammenarbeit einließe, erführe einen Machtsprung ohnegleichen. Wer nicht mitzöge, der verlöre.

Und jetzt mal ehrlich: Der so genannte mächtigste Mann der Erde, der US-amerikanische Präsident, ganz gleich, ob er George Bush, Barack Obama oder sonst wie heißt, ist permanent bemüht, die persönliche Dienerschaft zum „lieben Gott" hervorzukehren. Wie würde so jemand reagieren?

„Na ja", würde man im Weißen Haus sagen, „wenn der liebe Gott auch nicht der Schöpfer des Universums ist, so ein bisschen hat er mittels der Genesis ja doch geschöpft. Wollen wir da undankbar sein? Schließen wir uns als erste Nation dem himmlischen Vater an. Ein kleiner Machtvorteil hat noch nie geschadet. So ein Angebot tritt man nicht mit Füßen!"

Endnotes

1. Aries, Judas: „Das Unternehmen Gott – Die Kriminalität (Des) Der (All)Mächtigen"; Books on Demand 2009
2. „kath.net Katholische Nachrichten"; vom 19. Juli 2010, http://www.kath.net/detail.php ?id=27449
3. http://www.vatican.va/news_services/or/or_quo/interviste/2008/112q08a1.html
4. http://www.sueddeutsche.de/wissen/glaube-und-religion-der-gott-der-kleinen-gruenen-maennchen-1.1077416, Abbild vom 25.03.2011
5. Korrespondenz zwischen Erich von Däniken und dem Autor aus Mai 2010
6. SETI: "Search for Extraterrestrial Intelligence" (deutsch: „Suche nach außerirdischer Intelligenz")
7. „Spiegel spezial", Nr. 9/2006
8. „Deutschlandradio Kultur"; Beitrag vom 22.06.2010
9. „Grenzwissenschaft aktuell"; 30. April 2010 mit Bezug auf eine Studie der Aarhues Universitet, http://grenzwissenschaft-aktuell.blogspot.com/2010/04/glaube-und-autoritat-legen-skeptische.html
10. „P.M. Welt des Wissens", Dezember 2007
11. „P.M. Welt des Wissens", August 2009
12. „P.M. Welt des Wissens", März 2010
13. „P.M. Welt des Wissens", Dezember 2007
14. Bettin, Lutz Rainer, und Angermüller, Hartmut: „Das Evangelium nach Judas Iskariot"; www.kirche-alt-lichtenberg.de sowie Siebert, Bernd: „Das Evangelium nach Judas Iskariot"; basierend auf der englischen Übersetzung des Judasevangeliums durch Rodolphe Kasser, Marvin Meyer und Gregor Wurst.
15. http://de.academic.ru/pictures/dewiki/67/Codex_Tchacos_p33.jpg-Abbildung vom 20.09.2010 sowie http://www.bibliothek.uni-

augsburg.de/ausstellungen/bilder/2010/novum_400.jpg, ebenfalls vom 20.09.2010

[16] Aries, Judas: „Das Unternehmen Gott – Die Kriminalität (Des) Der (All)Mächtigen"; Books on Demand 2009, 4. Kapitel, Abschnitt „Jesus"

[17] von Däniken, Erich: „Reise nach Kiribati", Düsseldorf 1981

[18] Ohne Autor: „Bhavishya Maha Purana"; verfasst 115 n. Chr.; Seiten 465–466, Verse 17–32. Staatsarchiv Srinagar

[19] Kramer, Prof. Samuel N., Keilschriftenforscher: „Geschichte beginnt mit Sumer", München 1959

[20] Sänger-Bredt, Irene: „Spuren der Vorzeit – Ungelöste Rätsel der Schöpfung", in: Krassa, Peter: „Gott kam von den Sternen", Kopp Verlag

[21] http://de.wikipedia.org/wiki/Brahma

[22] Ercivan, Erdogan: „Verbotene Ägyptologie", Kopp Verlag

[23] „P.M. Welt des Wissens"; Februar 2006 – „Evolution, Warum der Mensch sich aufgerichtet hat. Oder: Die Geburt der Liebe", basierend auf dem Buchautor Paul Hengge

[24] „Sagenhafte Zeiten", Nr. 4/2010; Forschungsgesellschaft für Archäologie, Astronautik und SETI

[25] „Grenzwissenschaft aktuell"; 21. Mai 2010 mit Bezug auf das Fachmagazin „Science", http://grenzwissenschaft-aktuell.blogspot.com/2010/05/genetiker-verkunden-weiteren-durchbruch.html

[26] „Das 1. Buch Henoch" (äthiopischer Henoch 3.–1. Jahrhundert v. Chr.) sowie „2. Henoch" (slawischer); http://homepage.ruhr-uni-bochum.de/Michael.Luetge/index.htm

[27] Eine professionelle Aufbereitung dieser Fakten erfährt der Besucher des Mystery Parks (auch: JungfrauPark) in Interlaken/CH

[28] Kanjilal, Dileep Kumar: „Vimana in Ancient India", Kalkutta 1991

[29] Weitere Details in: Aries, Judas: „Das Unternehmen Gott – Die Kriminalität (Des) Der (All)Mächtigen"; Books on Demand 2009, 3. Kapitel, Abschnitte „Abraham", „Moses", „Ezechiel", „Jesaja" und „Elias"

[30] http://de.wikipedia.org/wiki/%C3%84thiopisches_

Henochbuch#Entdeckung_der_originalsprachlichen_Fassung_
in_Qumran

[31] Aries, Judas: „Das Unternehmen Gott"; Books on Demand 2009,
3. Kapitel, Abschnitt „Zu David, den Riesen und zur Authentizität
der Heiligen Schriften"

[32] http://www.heise.de/tp/r4/artikel/6/6076/2.html Abbildung vom
21.09.2010 und http://de.wikipedia.org/wiki/Biosph%C3%A4re_2
dto.

[33] Die 1. Botschaft von Fatima

[34] http://www.israelheute.com/default.aspx ?tabid=125&view=item
&idx=1931, Abbildung vom 24.09.2010
http://www.de.chabad.org/library/article_cdo/aid/830076/jewish/
ber-den-Segen.htm, Abbildung vom 24.09.2010

[35] http://www.phil-gesch.uni-hamburg.de/edition/Chronologie/
glossarchronologie.html#M, Abbildung vom 24.09.2010

[36] http://www.bibelkommentare.de/index.php ?page=dict&article_
id=4387 oder auch http://de.wikipedia.org/wiki/Ma%C3%9Fe_
und_Gewichte_in_der_Bibel

[37] Hage, Wolfgang: „Die griechische Baruch-Apokalypse"; JSHRZ 5,
1974, 15–44

[38] Riessler Paul: „Altjüdisches Schrifttum außerhalb der Bibel", Kerle
Verlag

[39] Deutschlandfunk dradio.de; Beitrag vom 11.08.2010

[40] Barthas, Casimir: „Die Kinder von Fatima", Kanisius Verlag

[41] Riem, Prof. Dr. Johannes: „Die Sintflut in Sage und Wissenschaft";
Agentur des Rauhen Hauses, Hamburg 1925

[42] http://de.wikipedia.org/wiki/Atra%E1%B8%ABasis-Epos

[43] Andree, R.: „Die Flutsagen"; Vieweg & Sohn; Braunschweig 1891,
Seite 38 nach „Sacred books III", 34. Übersetzung von James
Legge im dritten Band von Max Müllers „Scared Books of the
East", Oxford 1879

[44] Gerland, G.: „Der Mythos von der Sintflut"; Marcus und Weber,
Bonn 1912, Seite 63

[45] Andree, R.: „Die Flutsagen"; Vieweg & Sohn; Braunschweig 1891,

Seite 70 nach Jacobsens „Reise an der Nordwestküste Amerikas";
Leipzig 1884; Seite 252

[46] Andree, R.: „Die Flutsagen"; Vieweg & Sohn; Braunschweig 1891,
Seite 117 nach Molina, „Eroberung von Chili"; Leipzig 1791, Seite 76

[47] „Der ostasiatische Lloyd"; 29. Juli 1910, Seite 119

[48] "Journal of the anthropological Institute of Great Britain and Ire-
land", Seite 105, Band 23, London 1903

[49] Dorsay, G. A.: „The Cheyenne"; Field Columbian Museum, Anthropological Series, Band IX, Seite 36 und 38–39; Chicago 1905

[50] Nansen: „Eskimoleben", G. H. Meyer, Berlin 1903, Seite 229

[51] Boas, Franz: „Tsimshian Texts"; Publications of the American Eth-
nological Society III. Leyden 1912, Seite 243–253

[52] Riem, Prof. Dr. Johannes: „Die Sintflut in Sage und Wissenschaft";
Agentur des Rauhen Hauses, Hamburg 1925

[53] Stenzel, A.: „Weltschöpfung, Sintflut und Gott", Seite 104 f.; Bauert
& Rocco, Braunschweig 1894; Seite 97 f.

[54] Gunkel, Hermann: „Schöpfung und Chaos in Urzeit und Endzeit";
Vandenhoeck & Ruprecht, Göttingen 1895

[55] http://www.zm-online.de/m5a.htm ?/zm/8_10/pages2/titel1.htm
Abbild vom 17.10.2010

[56] Andree, R.: „Die Flutsagen"; Vieweg & Sohn; Braunschweig 1891;
Seite 45 f.

[57] Gerland, G.: „Der Mythos von der Sintflut"; Marcus und Weber,
Bonn 1912, Seite 110

[58] Andree, R.: „Die Flutsagen"; Vieweg & Sohn, Braunschweig 1891,
Seite 60 nach I. Kubary, „Allerlei aus Volks- und Menschenkunde",
Bastian, Berlin 1888

[59] Dorsey, G. A.: „Traditions of the Aricara"; Publications of the Car-
negie Institution, Field Columbian Museum, Washington 1904,
Seite 12 f.

[60] Dorsay, G. A.: „The Pawnee Mythology"; Publication of the Carne-
gie Institution of Washington 1906, Seiten 134 und 296

[61] Riem, Prof. Dr. Johannes: „Die Sintflut in Sage und Wissenschaft",
S. 180

62 „P.M. Welt des Wissens", Oktober 2010, „Die Waffe aus den Wolken"

63 „P.M. Welt des Wissens", Oktober 2010

64 Ebda.

65 Andree, R.: „Die Flutsagen"; Vieweg & Sohn; Braunschweig 1891, Seite 29 f. nach F. Cameron, „Our tropical possessions in Malayan India"; London 1865, Seite 112

66 Wie zuvor

67 Aries, Judas: „Das Unternehmen Gott – Die Kriminalität (Des) Der (All)Mächtigen"; Books on Demand 2009

68 SPIEGEL- TV, Dokumentation vom 29.01.2011, APOKALYPTISCHE PROPHEZEIUNGEN – Die Angst vor dem jüngsten Tag

69 dto.

70 „Apokryphen und Pseudepigraphen"; Tübinger Ausgabe aus dem Jahr 1900; gesammelt und herausgegeben von dem Theologieprofessor E. Kautzsch, Halle

71 Krassa, Peter: „Gott kam von den Sternen", Kopp Verlag, mit Verweis auf den Philologen Wjatscheslaw Saizew

72 Gott, J. Richard; Zeitreisen in Einsteins Universum, rowohlt Verlag 2002

73 http://de.wikipedia.org/wiki/Michio_Kaku

74 grenz|wissenschaft-aktuell, 04. Juni 2011, http://grenzwissenschaft-aktuell.blogspot.com/2011/06/michio-kaku-menschen-konnten-eines.html

75 dto.

76 Séjourné, Laurette: „Pensiamento y religion el México Antiguo"; Mexiko 1957, aus: von Däniken, Erich: „Die Spuren der Außerirdischen", Bertelsmann 1990

77 von Däniken, Erich: „Die Spuren der Außerirdischen", Bertelsmann 1990

78 Langbein, Walter-Jörg, 2012 – ENDZEIT UND NEUANFANG, Herbig, S. 187

79 Andree, R.: „Die Flutsagen"; Vieweg & Sohn; Braunschweig 1891; Seite 104 nach Pedro de los Rios, ein Dominikaner, schrieb 1566

den erklärenden Kommenta zu einem einheimischen Bilderko-
dex, der jetzt im Vatikan aufbewahrt wird. A. v. Humboldt, Sites
des Cordillères et monuments etc., Paris 1869, Seite 116

[80] von Däniken, Erich: „Die Götter waren Astronauten", 4. Kapitel,
Goldmann Verlag

[81] Zitat aus: Kohlenberg, Karl F.: „Enträtselte Vorzeit", Moewig 1970

[82] Krassa, Peter: „Gott kam von den Sternen", Kopp Verlag

[83] von Däniken, Erich: „Die Götter waren Astronauten", 4. Kapitel,
Goldmann Verlag

[84] „P.M. Welt des Wissens", Oktober 2009, Die dunkle Prophezeiung
der Maya

[85] von Däniken, Erich: Maya Kalender 2012

[86] Bremer, Dieter, „Atlantis und das Altersparadoxon", Winterwork,
2009

[87] WELT ONLINE, „Soviel Tschernobyl steckt im deutschen Wild-
schwein", Artikel vom 26.04.2011

[79] Aries, Judas: „Das Unternehmen Gott", Abschnitt „Rückbesinnung
auf die Wolke", Books on Demand 2009